JEAN FERRAT

une vie vraie

JEAN FERRAT

une vie vraie

SANDRO CASSATI

City
Poche

ISBN : 978-2-35288-825-3
Code Hachette : 50 9390 1

Couverture : © Patrick Roncen/Kipa/Corbis
Rayon : Biographies / Musique
Collection dirigée par Christian English et Frédéric Thibaud

Catalogue et manuscrits : www.city-editions.com

Dépôt légal : premier trimestre 2012
Imprimé en France par France Quercy, 46090 Mercuès - n° 20121

Jean Ferrat, un nom qui, aujourd'hui encore, claque comme un drapeau rouge au vent de la liberté. Chanteur, poète, citoyen, l'homme a traversé la deuxième moitié du vingtième siècle et la première décennie du vingt et unième en gardant au fond de lui ses blessures, exprimant avant tout ses colères et ses espoirs.

Colère contre un monde où l'injustice et la violence sont la norme, espoir de voir un jour tout cela changer.

Un naïf, Ferrat ? Un indécrottable optimiste ? Non. Un homme qui croyait en la force de conviction, qui pensait les hommes plus grands qu'ils ne se voient eux-mêmes, qui les voyait capables, au détour d'un cahot, d'amener le grand soir et la fraternité.

Raconter Jean Ferrat, c'est raconter l'immensité de son humanisme, la vivacité de sa plume, un goût certain pour le bonheur et la douceur de vivre, et une mauvaise conscience qui nous hantera longtemps...

1

La blessure originelle

Sans doute faudrait-il démarrer ce livre par une phrase disant simplement : Jean Tenenbaum, alias Jean Ferrat, est né à Vaucresson, petite commune des Hauts-de-Seine, un 26 décembre 1930. Ce serait juste, exact, un fait irréfutable, vérifiable par tous.

Cette phrase viendra, en son heure, puisque nous parlerons de la prime enfance de ce grand échalas à moustache, au corps malhabile et à la timidité maladive. Cependant, il semblerait plus juste, bien plus juste d'écrire : Jean Tenenbaum est venu au monde un jour de 1942.

Ou plutôt, le monde et son cortège de souffrances, d'horreurs et d'injustices ont forcé la porte d'une enfance jusque-là bien close, parfaitement heureuse. Celui qui allait devenir plus tard, bien plus tard, Jean Ferrat, chanteur engagé, humaniste énervé, est très probablement né le jour où son enfance s'est brisée.

1941, la France vit sous occupation allemande, dans la peur et les privations. La France a mis à sa tête, lui conférant les pleins pouvoirs, une vieille baderne aux cheveux blancs et à la moustache tombante, héros d'une guerre ancienne, arborant képi et visage grave.

La France s'est soumise au paternalisme d'un vieux militaire pour qui l'honneur de l'armée a plus de valeur que le cœur vivant de la nation.

Philippe Pétain, maréchal de France, vainqueur de Verdun, s'est imposé comme une figure paternelle protégeant les citoyens du rouleau compresseur nazi. Il a capitulé au nom de son pays, puis s'est installé dans un mode de gouvernement qui ne peut que satisfaire l'ennemi d'hier, devenu le maître.

Il est allé rencontrer Hitler à Montoire, dès le 24 octobre 1940, puis, dans un discours radiodiffusé, le 30 octobre suivant, il annonce qu'il s'engage dans la voie de la collaboration. Vaincue, la France peut sauver la face, devenant un partenaire des vainqueurs. L'histoire n'a pas fini de juger cet homme.

On a souhaité minimiser son rôle, faire de lui un pantin, un sénile manipulé par la frange la plus dure et pro-allemande de son entourage.

Il y a peut-être, sans doute, une part de vérité dans cette idée. Mais il était le responsable, le chef, et, en tant que militaire, ce rôle, il devait l'assumer pleinement.

La France va très vite, dès les premiers mois de l'Occupation, faire appliquer des lois iniques, donnant des gages à l'Allemagne nazie. Parmi ces lois, celles qui concernent le statut des Juifs, français ou non, résidant dans l'Hexagone sont sans doute celles qui terniront, voire saliront, le plus l'image du pays de Voltaire et d'Hugo.

Philippe Pétain a non seulement promulgué ces lois, mais il les a amendées lui-même. L'on sait aujourd'hui, grâce à des documents récemment retrouvés et portant l'écriture manuscrite du « héros de Verdun », que l'homme à la figure de tranquille vieillard a durci lui-même les lois antijuives que la France a mises en vigueur dès les premiers mois de la collaboration.

La France pourtant, celle que Mnacha Tenenbaum, père de Jean, est parti rejoindre, ça n'était pas ça. L'homme a fui la Russie des pogroms, de l'intolérance, de l'ignorance et de la haine. Cette Russie qui, à la moindre hausse de prix, à la moindre rumeur, se précipitait dans la rue pour punir les Juifs, jugés responsables de tous les maux de la terre.

Une Russie où, en cette fin de XIXe siècle, la bêtise est à l'image du pays : immense...

Une Russie où l'on accuse encore des Juifs de faire des sacrifices humains, où on leur reproche de tuer des enfants chrétiens pour recueillir leur sang, « indispensable à la fabrication du pain azyme ».

Partir, quitter le Caucase enneigé, traverser l'Europe et ses plaines sans fin. Quitter son lieu de naissance à tout jamais est un déchirement pour celui qui s'y voit contraint.

Mais l'espoir d'une vie meilleure, l'espoir de voir ses enfants grandir dans un pays où ils ne seront pas persécutés est plus fort. L'espoir existe à l'horizon.

Pourtant, cet espoir va s'écrouler. Mnacha Tenenbaum, un jour du printemps 1942, quitte son domicile. Sur son manteau, il arbore l'inévitable étoile jaune, marque d'infamie imposée par le régime de Vichy. Mnacha s'est plié à cette humiliation.

Comme beaucoup d'hommes et de femmes de sa condition, il avait confiance dans les autorités françaises. Lorsqu'il quitte son appartement de Versailles, qu'il lance un petit au revoir à sa femme et à ses enfants, le père de Jean ne sait pas qu'il s'agit d'un adieu.

Pas de séparation déchirante, pas de pleurs, pas de cris, un simple « À ce soir ». Peut-être est-ce mieux comme ça. Mnacha sera arrêté, envoyé à Drancy, puis à Compiègne-Royallieu ; il sera ensuite parqué dans un train pour le camp d'Auschwitz. Il y meurt très vite. Le 5 octobre 1942, Jean Tenenbaum est orphelin.

Mais il ne l'apprendra qu'après la guerre. Quoi qu'il en soit, c'est sans doute en ce jour du printemps 1942 que Jean est venu au monde.

Ce jour où il a compris qu'il ne fallait pas être un mouton, qu'il fallait se battre, rester debout, toujours. Puisque la mort est de toute façon au bout du chemin, autant l'attendre avec dignité en défendant ce en quoi l'on croit.

Il est difficile d'imaginer ce que ressent un enfant de 12 ans devant l'injustice.

Impossible de ressentir à sa place la rage et l'impuissance, la rage de l'impuissance. La blessure originelle se situe bien là. Un artiste a toujours une blessure originelle.

Il arrive qu'elle soit plus ou moins diffuse, plus ou moins simple à identifier. Dans le cas de Jean Ferrat, elle est tellement vive, restera tellement ouverte, qu'il est facile de dire : Jean Ferrat est né en 1942.

Mais il est temps à présent de reprendre au tout début, de dire : Jean Tenenbaum est né le 26 décembre 1930, à Vaucresson, dans les Hauts-de-Seine, au sein d'une famille heureuse et unie malgré les difficultés liées à la crise mondiale. Une crise qui sévit depuis un an à peu près partout sur le globe. Mnacha, le père, a donc quitté la Russie de nombreuses années plus tôt, en 1905, pour s'installer à Paris où il deviendra joaillier. Un artisan de talent si l'on en croit la quantité d'importants bijoutiers parisiens qui peu à peu vont faire appel à lui.

Son atelier se situe près du Sentier, et Mnacha, en quelques années, parvient à se faire un nom dans le tout-Paris du luxe.

Lorsqu'éclate la crise financière aux États-Unis, Mnacha ne s'inquiète pas réellement.

Il entend, venus de l'autre côté de l'Atlantique, les lointains échos qui annoncent l'Apocalypse, mais n'a pas conscience des rapports étroits qui, déjà, en cette fin du premier tiers du vingtième siècle, relient les économies entre elles et les rendent interdépendantes.

La France a beau être un pays encore largement rural en 1930, elle n'échappe pas à l'extension de la crise américaine. La crise dans l'Hexagone n'entraînera cependant pas la faillite gigantesque qu'elle a provoquée aux États-Unis, mais ses effets se font durement sentir.

Or, la clientèle du luxe, la grande bourgeoisie, les élites financières sont les premières touchées par la faillite du système. Aussi, elles hésitent à continuer à faire les dépenses somptuaires qu'elles faisaient auparavant. La conséquence directe étant un ralentissement considérable de l'activité de l'industrie du luxe.

Mnacha sera donc victime de cette crise et devra abandonner le beau métier de joaillier.

Mais, qu'à cela ne tienne, l'homme a de la ressource : il se fait marchand de fruits et légumes. Reconversion surprenante, mais Mnacha est un pragmatique, un homme qui a dû et su s'adapter, lui qui a quitté son pays natal sans un sou pour rejoindre ce qu'il pensait être la patrie des droits de l'homme.

2

Le nom de Tenenbaum

La famille Ferrat, c'est aussi une mère, Antoinette, d'origine auvergnate, mais née dans la capitale. Une femme aimante, qui apprécie la musique et qui a fort à faire avec ses quatre enfants.

Car la famille Tenenbaum est une famille nombreuse dont Jean est le cadet. Et puis il y a une tante aussi, que Jean appelle « tantine », une femme qui, après avoir perdu un enfant, est venue vivre auprès de la famille de Jean. L'arrivée du petit dernier sera pour elle une sorte de renaissance. Sans doute a-t-elle reporté l'amour pour son enfant défunt sur ce petit bout de chou.

Bref, Jean est très entouré et bénéficie d'énormément d'amour autour de lui. Il dira plus tard :

— […] entre ma mère, ma sœur – qui était déjà une jeune fille – et ma tante, j'ai été entouré de beaucoup d'affection, et de toute évidence cela m'a donné un certain équilibre. Ce sont des bases fondamentales pour un jeune. […] Cela se ressent dans une vie.

Autre base, très importante, celle-là aussi, déterminante même pour Jean : l'amour de ses deux parents pour la musique. Mnacha est féru de musique classique, Antoinette, de chanson populaire. Ils n'hésitent pas à aller au concert, à l'opéra comique, bref à aller écouter de la musique en *live*, sans doute la meilleure façon de l'apprécier. Jean naît donc dans un univers de mélomanes. Et si ni Mnacha ni Antoinette ne jouent d'un instrument, la maman de Jean possède cependant un joli soprano qu'elle déploie dès qu'elle en a l'occasion.

La famille Ferrat quitte Vaucresson pour s'installer dans la ville royale, Versailles, lorsque Jean a tout juste cinq ans. Nous sommes en 1935.

La famille Tenenbaum semble heureuse, étrangère au tonnerre encore lointain qui gronde sur tout le continent européen.

Les années 1930 sont une période terrible d'attente du pire mélangée à des espoirs insensés qui seront tous déçus. Attente d'une guerre qui, à mesure que passent les années, paraît de plus en plus inévitable ; attentisme devant les régimes autoritaires qui peu à peu s'emparent du pouvoir dans plusieurs pays ; peur de voir la gangrène fasciste contaminer la France, avec les ligues qui se font entendre de plus en plus fortement ; espoir aussi, espoir fou de voir la France changer, avec l'arrivée du Front populaire ; espoir de voir le spectre de la guerre s'éloigner, sans qu'on sache bien comment cela serait possible.

Et puis la guerre qui, dès 1936, surgit en Espagne, faisant de cette contrée le laboratoire d'un conflit futur plus étendu. Les années 1930 sont, sur le plan international, des années d'angoisse, sans compter la crise économique qui a frappé si fort que l'Europe tarde à se relever.

Cette crise est sans doute, entre autres, responsable de la mise en place de régimes fascistes en Europe. Dans des pays comme l'Allemagne, l'Italie, la Hongrie et d'autres encore, la crise économique est venue s'ajouter au vif sentiment d'humiliation provoqué par la défaite de la Première Guerre mondiale et au diktat de la conférence de paix de Versailles qui a suivi.

La Hongrie, pour ne prendre que cet exemple, a été amputée d'un tiers de son territoire au profit de la Roumanie qui se trouvait, elle, dans le camp des vainqueurs. On a imposé à l'Allemagne des sanctions totalement disproportionnées et créé ainsi un ressentiment vif et profond au sein de la population.

Alors, Hongrois et Allemands se sont refermés sur leur identité, ont choisi les solutions simplistes, se sont laissé séduire par la démagogie, ont accepté avec enthousiasme les boucs émissaires qu'on voulait bien leur offrir.

Il en va ainsi des peuples en temps de crise aiguë...

Les années d'enfance de Jean Tenenbaum sont pourtant heureuses et relativement insouciantes. On rit, on chante, on se dispute sans doute un peu aussi. Jean, ses deux frères, sa sœur, son père, sa mère, sa tante, une petite famille nombreuse et unie qui vit au rythme lent et doux des fruits de saison que Mnacha part vendre chaque matin. Personne ne se doute que cette vie douillette ne durera pas bien longtemps.

Déjà, l'Allemagne annexe les Sudètes, et le chancelier Hitler multiplie les provocations. Il enfreint toutes les règles édictées par le traité de Versailles, devient de ce fait une sorte de héros dans son pays, lui rend son honneur bafoué.

De plus, il offre à son peuple l'éternel bouc émissaire, celui qui semble marcher à tous les coups, dans tous les pays : les Juifs. La conférence de Munich, qui verra les chefs d'État européens se coucher devant le führer, n'y changera rien.

La guerre est inévitable. Parce qu'Hitler a un plan bien défini, il est déterminé, et l'écrasement de l'Europe par la botte nazie est la première et indispensable étape.

Aussi, il continue malgré les avertissements à étendre son *lebensraum*, espace vital nécessaire au peuple allemand, selon lui. Les démocraties patientent, attendent et ne finissent par réagir que lorsque les troupes allemandes avalent la Pologne. Honorant une alliance signée avec le gouvernement polonais, la France et l'Angleterre se voient contraintes de déclarer la guerre au IIIe Reich.

On mobilise, puis on va s'installer à la frontière, sur la ligne Maginot, à attendre l'arrivée d'un ennemi qui ne vient pas, trop occupé ailleurs.

La France s'installe dans la « drôle de guerre ». Des mois durant, c'est un pays qui finirait presque par oublier qu'il est en guerre qui vaque à ses occupations quotidiennes.

Les soldats mobilisés au front s'ennuient, à tel point que l'état-major est obligé de créer des troupes de music-hall pour aller leur remonter un moral en berne.

Et lorsque la guerre commence, lorsque les troupes allemandes s'invitent aux portes de l'Hexagone, c'est pour tout balayer sur leur passage. En quelques courtes semaines, l'armée française est défaite ; une débâcle sans nom jette sur les routes civils et militaires fuyant l'avancée des troupes du Reich. Le 22 juin 1940, c'en est terminé. Les troupes allemandes sont entrées dans Paris quelques jours plus tôt, et l'armistice est signé à Rethondes, dans le lieu même de la capitulation allemande de 1918. Tout un symbole. La France est vaincue, humiliée par une guerre-éclair contre laquelle elle n'avait rien prévu.

Le 10 juillet, le Parlement vote les pleins pouvoirs au maréchal Pétain qui ne tarde pas à se montrer conciliant avec l'occupant.

Tellement conciliant que, dès octobre, quelques mois à peine après son arrivée au pouvoir, il signe l'entrée en vigueur des premières lois antijuives.

Les Juifs sont interdits d'exercer certains métiers, voient leurs biens menacés. Les Juifs qui ne sont pas de nationalité française peuvent être internés sans autre forme de procès, sans le moindre recours. La menace devient de plus en plus lourde, elle est une épée de Damoclès suspendue au-dessus des familles juives.

Ce n'est qu'à cette occasion que Jean découvrira qu'il est juif.

En effet, ses parents ne pratiquent absolument aucun culte, n'ont donné aucune éducation religieuse quelle qu'elle soit à leurs enfants, pas plus Mnacha qu'Antoinette qui, pour sa part, est née dans une famille catholique. Jean dira :

— Je ne savais pas que mon père était juif, je ne savais pas que c'était mal d'être juif. Il m'a dit cela un jour où je rentrais de l'école ; sur le moment, c'est comme s'il m'avait annoncé qu'il était auvergnat. J'ai vite compris que ce n'était pas tout à fait pareil.

Et pourtant, Jean est juif puisque, selon les lois en vigueur, est considérée comme juive toute personne ayant au moins deux grands-parents de confession israélite. Le paradoxe réside dans le fait que, pour être considéré comme juif parmi les juifs, il faut être de mère israélite, ce qui n'est pas le cas de Jean. Apprendre sa judéité à l'âge de 10 ans est un choc pour lui. Il raconte :

— [...] mon père est arrivé à la maison et nous a dit qu'il y avait des bruits qui couraient comme quoi il fallait qu'il s'inscrive sur une liste à la mairie. [...] Et c'est là que j'ai appris que je n'étais pas comme les autres ! Moi, je vivais dans une famille pas du tout religieuse ; ma mère n'était pas pratiquante, même si elle avait été baptisée dans la religion catholique, et mon père était juif.

Comme nous l'avons dit au chapitre précédent, Mnacha, le père de Jean, a une totale confiance dans les institutions françaises. Français naturalisé, il pense avoir les mêmes droits et les mêmes devoirs que tout Français, qu'être citoyen français signifie quelque chose, quelque chose d'unique, et qu'il ne sera pas fait deux poids deux mesures. Comment un gouvernement de la République oserait-il faillir à sa parole de protéger ses citoyens, quelle que soit leur origine ? Impensable...

Mnacha, soucieux de bien faire, se fera enregistrer sur les listes. Son fils Jean dira :

— Mon père était un homme profondément bon. Contrairement à d'autres qui voient le mal partout, il ne le voyait nulle part et c'est cela d'ailleurs qui a causé sa perte.

Plus loin, dans le même entretien, Jean Ferrat poursuit :

— Je me souviens du jour où il est venu avec les étoiles. Il y en avait pour ses vêtements, pour son pardessus, pour sa veste. Il fallait les coudre, et, dans ce cas-là, on a l'impression d'être marqué ! D'ailleurs, ce n'est pas une impression, on l'est, marqué ! Comme une bête ! Mais ce que l'on ne savait pas, c'est que c'était comme une bête qui part à l'abattoir.

Et l'inévitable arrive. Mnacha est raflé, puis interné. La grande rafle du Vél'd'Hiv des 16 et 17 juillet 1942 a séparé nombre de familles et révélé une bonne fois pour toutes, s'il en était besoin, le caractère proprement criminel du régime de Vichy.

La mère de Jean, Antoinette, prend alors la décision d'envoyer ses enfants en zone libre, de les mettre à l'abri des persécutions.

Certes, les lois ne touchent pas expressément ses enfants, mais Antoinette sait bien que les lois peuvent être modifiées du jour au lendemain.

Un simple décret suffit. La mère de Jean prend donc sur elle et envoie ses enfants dans les Pyrénées.

Ainsi, un matin de l'automne 1942, Antoinette emmène-t-elle Jean à la guerre. Le garçon a un peu plus de 11 ans. C'est un rêveur, un contemplatif. Jusqu'ici, sa vie a été plutôt douce et lui a permis de rester dans une sorte de bulle. Il aime lire, rêvasser, traîner dans les rues sans but précis. Parlant de son enfance, Jean Ferrat dira :

— Je passais mon temps avec mes petits camarades dans la rue, dans les bois, dans le parc autour de Versailles. J'étais déjà un enfant de la nature.

C'est aussi un garçon un peu réservé. Et pourtant, ce matin-là, il ne tremble pas. Il a compris qu'il devenait adulte, qu'il allait devoir être responsable. Lorsqu'il se remémore ce douloureux moment, Jean Ferrat mesure à quel point ces quelques minutes passées sur le quai d'une gare ont bouleversé sa vie. Le petit garçon est devenu un homme en un claquement de doigts. Un homme en colère qui plus est.

— Je me le rappelle comme si c'était hier... Maintenant, je me mets à la place de cette femme qui lâche son fils de 11 ans vers l'inconnu dangereux. Et je me vois moi-même à cette époque la rassurant : « Tu sais, je suis parfaitement conscient des difficultés, mais crois-moi, à mon âge, je suis tout à fait capable de les assumer. Et je suis adulte. » En même temps, je me disais aussi : « Quand je serai moi-même adulte, il faudra que je me souvienne qu'on peut le devenir avant l'âge, à 11 ans. »

Jean monte dans son train ; on imagine sans peine l'émotion qui étreint la mère et le fils. Il faut du courage à une mère pour se séparer ainsi de son enfant. Du courage et de la clairvoyance. Antoinette, à présent qu'elle est sans nouvelles de son mari, ne veut pas prendre le risque de voir quoi que ce soit arriver à ses enfants.

Elle sait cependant que le voyage est périlleux. Passer la ligne de démarcation pour atteindre la zone « Nono », comme on désigne à cette époque la partie non occupée de la France, n'est pas une mince affaire.

Cela nécessite d'avoir un réseau permettant de passer clandestinement, cela signifie également graisser des pattes, sans toujours savoir si l'on peut ou pas faire confiance. Jean racontera cet épisode de nombreuses années plus tard :

— [...] Je devais passer la ligne de démarcation, puisque la France était coupée en deux, et il y avait une sorte de frontière surveillée par les pétainistes, les gendarmes et les Allemands aussi. Il fallait donc passer cette ligne en fraude ; cela pouvait se faire, mais en tant que clandestin. Et je me souviens du jour où je suis parti passer la frontière ; on avait une adresse de gens du côté de Dax, qui devaient m'accueillir, me remettre dans une ferme qui était à côté de la ligne de démarcation, me faire passer avec eux de l'autre côté, recueillir par d'autres gens qui devaient me remettre dans un train... Enfin bref, tout un réseau.

Comme on le voit, Jean doit faire face à de nombreuses inconnues, très probablement à une réelle angoisse également. Il lui faut faire confiance à des gens qu'il ne connaît pas, il doit faire face, seul, à une situation extrême.

Ce sera le lot de nombreux enfants durant la guerre. On oublie parfois la souffrance et la peur qu'ont pu engendrer ces situations, le traumatisme qu'elles n'ont pas manqué de provoquer.

Jean rejoint donc un petit village des Pyrénées, Font-Romeu, où il sera caché, avec ses frères et sa sœur, par un des responsables de la Résistance dans la région.

Un communiste aux convictions bien ancrées. Un homme dont le combat et les opinions pèseront lourd sur la pensée et l'idéologie que Jean adoptera plus tard. Nous sommes à la fin de l'année 1942 ; la France entière est occupée.

La ligne de démarcation et l'illusion d'un vague gouvernement indépendant ont fait long feu.

Rejoints par leur mère, les enfants Tenenbaum se refont une vie dans la région. Raymonde, la sœur aînée, qui a 30 ans, trouve un emploi dans un salon de thé de Font-Romeu. André travaille également dans un salon de thé, mais à Perpignan. Quant à Pierre, qui a 18 ans, il a trouvé un emploi dans une pharmacie. Jean, le plus jeune, est scolarisé. Presque normalement, si ce n'est qu'il n'est pas inscrit dans une « vraie » école, mais dans la « maison des enfants » ouverte pour y recueillir les enfants ballottés par la guerre. Jean y fera sa sixième et sa cinquième.

En 1943, un an et demi après le départ de la famille Tenenbaum, la situation semble s'être stabilisée politiquement.

Malgré les horreurs, l'oppression, aucun nouveau règlement n'est venu menacer le statut de Jean et de ses frères et sœur. Aussi, la décision est prise de renvoyer Jean à Versailles, avec sa tante. C'est chose faite, très rapidement.

Mais, dans les mois qui suivent, c'est le débarquement allié en Normandie qui vient encore chambouler l'existence du jeune garçon. En effet, devant l'avancée des troupes alliées et les combats acharnés, Antoinette, ne sachant pas si son fils est ou non en sécurité, refuse de le laisser en région parisienne. Jean reprend la route de Font-Romeu avec sa tantine. Heureusement cette fois-ci qu'il est accompagné d'un adulte.

En effet, lorsqu'elle descend avec son neveu à la gare de Perpignan, la tante a la bonne idée de téléphoner pour annoncer leur arrivée.

Elle apprend alors que la Gestapo a arrêté Antoinette, la mère, pour l'interroger, et Raymonde, la sœur. Les deux frères ont, pour leur part, réussi à s'enfuir. Jean et sa tante se voient donc contraints de rester à Perpignan en attendant de savoir ce qui va se passer. Ils sont dans l'incertitude la plus totale.

— Ma sœur a été enfermée à la citadelle de Perpignan, et nous, on est restés là, sans argent, sans savoir où aller, on a trouvé une petite chambre en attendant les nouvelles. On avait juste de quoi se loger. On a attendu un bon moment [...] et par des gens interposés, des amis, on a eu des nouvelles. [...] Finalement, ma mère n'a pas été arrêtée (ils essayaient de lui tirer les vers du nez, mais sans résultat), puis, au bout d'un mois, un mois et demi, ma sœur a été libérée... Et on s'est retrouvés à Perpignan.

Mais l'aventure n'est pas terminée. Une fois Raymonde libérée, la famille n'est toujours pas en sûreté, et ce n'est pas dans une ville comme Perpignan, assez importante, que l'on peut espérer se cacher aisément.

Les Tenenbaum doivent alors faire appel à des connaissances afin de trouver un lieu sûr où se réfugier en attendant la fin de la guerre.

Car, à présent, les choses sont claires : l'Allemagne ne tiendra pas, les forces alliées finiront par l'emporter. Mais quand ? Là est la question. Il faut par conséquent se terrer, attendre et ne ressortir au grand jour que lorsque le Reich sera tombé.

— On a été hébergés à Toulouse par les parents de ma belle-sœur, dont le père, monsieur Bureau, avait des responsabilités importantes dans la Résistance à Toulouse. Il nous a reçus, il nous a hébergés chez lui et, finalement, il a trouvé des paysans dans l'Ariège qui nous ont recueillis. Donc, ça doit être début août 1944, où a eu lieu la Libération. Après, je crois qu'on est revenus quelque temps à Font-Romeu, et je suis parti pour la rentrée des classes à Versailles.

La guerre se termine enfin. Sans nouvelles du père. La vie va reprendre son cours, dans l'attente d'un retour que l'on ose à peine espérer. À raison.

3

La vie après la guerre

Mnacha Tenenbaum a été déporté à Auschwitz fin septembre 1942 ; il y périra le 5 octobre. C'est la terrible nouvelle qu'apporte la fin de la guerre. L'espoir existait pourtant. Certains sont rentrés. Peu nombreux, c'est vrai. Des 141 000 déportés partis de France, 75 000 l'ont été pour raison raciale. Seuls 2500 sont revenus... Mnacha n'est pas de ceux-là. Il va falloir vivre avec cela. Cette injustice terrible, cette blessure à jamais ouverte. Une telle histoire personnelle forge un homme plus sûrement que tous les enseignements du monde. Il est impossible de se défaire d'un tel traumatisme. La colère reste ancrée à tout jamais. S'ouvrant à des journalistes, bien des années plus tard, Jean dira :

— On porte son enfance toute sa vie. Je ne suis pas un cas unique, mais cette période a été très dramatique pour ma famille, pour moi et pour la France aussi. Il y a une partie de moi qui est devenue adulte très vite. Le racisme, le nazisme, je les ai découverts à 11 ans. [...] Ce fut d'abord une blessure, ensuite une révolte. Je ne pourrai jamais plus tolérer le racisme sous quelque forme que ce soit.

Rentré à Versailles, Jean reprend bon an mal an une scolarité qui a été tout particulièrement chahutée.

Comment suivre à l'école lorsque l'on a, comme lui, changé de domicile aussi souvent durant la guerre ? Aussi, s'il fait sa rentrée dès septembre 1944 au collège Jules Ferry à Versailles, Jean n'y restera pas longtemps.

En effet, il vit à présent seul avec sa mère et sa tante. Ses frères et sa sœur étant adultes, ils ont quitté le foyer familial, il serait bon que Jean rapporte quelque argent à la maison. C'est en tout cas le prétexte dont il se saisit pour quitter l'école alors qu'il n'a pas 16 ans.

On peut supposer que ce qu'il a vécu l'a également beaucoup changé. Il n'est plus un gamin. Il se sent adulte depuis le jour où, à 11 ans, il a quitté sa mère sur le quai d'une gare parisienne. Comme tout adulte, Jean a besoin d'indépendance.

Et puis, il a vécu ces dernières années dans une forme de passivité, bringuebalé d'un lieu à l'autre, sans pouvoir rien contrôler, sans la possibilité de prendre la moindre décision le concernant. Jean a envie de faire, de prendre les choses en main. Et l'école s'accorde bien mal avec ce genre de désir.

Rester assis sur un banc, apprendre, écouter une parole professorale sans avoir le droit de la remettre en question, ce n'est plus pour lui.

Cette époque est révolue. Aussi, dès que la possibilité lui en est offerte, il prend un travail.

Il devient apprenti dans une industrie chimique liée au bâtiment, à Paris. C'est le Laboratoire du bâtiment et des travaux publics de la rue Brancion à Paris.

Il est, comme tout apprenti, affecté à des tâches subalternes, répétitives et dont l'intérêt est pour le moins limité. Il teste la solidité de poutres d'acier destinées à la construction de barrages et autres fantaisies de ce genre.

Par bonheur, rapidement, le jeune homme montre qu'il est intelligent et vif, et qu'il a soif d'apprendre.

On lui permet assez vite d'être affecté dans un laboratoire de chimie. Voilà du concret et du passionnant, tout ce qu'il manquait à Jean pour s'épanouir.

Bon, pas tout à fait. Le garçon rêveur a également une âme d'artiste. Il aime le théâtre, la musique et ne manque pas une occasion de se rendre au spectacle.

Un amour qui va peu à peu devenir dévorant, au point qu'il empêchera Jean de terminer son apprentissage. Pourtant, l'entreprise qui l'a embauché a misé sur lui.

En effet, en dehors de son travail, on lui offre une formation censée lui permettre de devenir ingénieur. Il raconte des années plus tard :

— [...] on m'a permis de suivre une formation technique et scientifique plus approfondie ; si bien qu'après plusieurs années de cours, j'étais presque ingénieur chimiste au moment où j'ai décidé d'arrêter.

Cependant, le monde du travail confronte Jean à la réalité du monde ouvrier dont il a été coupé jusqu'alors. Il découvre également l'action syndicale puisqu'il adhère très vite à la CGT. Deux éléments qui vont aiguiser sa conscience de classe.

Dans cette deuxième moitié des années 1940, le syndicat, proche du Parti communiste, est extrêmement puissant. Il est un réel contre-pouvoir, et les ouvriers n'hésitent pas à débrayer à l'appel de la centrale.

Jean rencontre des hommes qui se battent pour de meilleures conditions de vie, qui refusent l'ordre tel qu'il est établi. Ses convictions politiques s'affermissent.

Il le dira lui-même lors d'un entretien :

— Ça m'a beaucoup appris : la vie du monde du travail, la solidarité entre ouvriers. Et c'est à partir de là que j'ai acquis une conscience de classe.

L'année 1948 voit l'échiquier européen bouger. Alors que Jean Ferrat se dote d'une conscience de classe et se rapproche du Parti communiste français, la Tchécoslovaquie va tomber dans l'escarcelle de l'Union soviétique contre son gré.

C'est ce que l'on appellera le Coup de Prague.

De tous les pays d'Europe centrale qui ont été libérés des nazis et occupés par les Soviétiques, la Tchécoslovaquie est le seul qui a une longue tradition démocratique et un parti communiste puissant.

Celui-ci obtient 38 % des suffrages aux élections de 1946 et tient trois postes-clés au gouvernement : un Premier ministre aux pouvoirs étendus ; le ministère de l'Intérieur (et donc la police) et celui de la Défense sont aux mains d'un général nommé Ludvik Svoboda (ironie de l'histoire, *svoboda* signifie « liberté »...).

Au total, sur les 26 portefeuilles ministériels, 9 sont détenus par les communistes. Toutefois, les élections demeurent libres et démocratiques, et le pouvoir politique est partagé entre le Parti communiste et quatre autres partis démocrates.

Alors que le gouvernement tente de se positionner en tant que pays charnière entre les deux blocs émergents, l'annonce du plan Marshall en 1947 vient mettre un terme à toute ouverture possible vers l'Ouest.

Ce plan américain a pour but de juguler l'avancée de la mainmise soviétique sur l'Europe en créant un pôle de prospérité économique censé mettre les pays à l'abri de la tentation communiste.

Dans un premier temps approuvé à l'unanimité par le gouvernement, le plan Marshall est rejeté à l'unanimité quelques jours plus tard sur ordre de Staline.

La Tchécoslovaquie est désormais clairement associée à l'URSS, qui affirme son emprise idéologique et politique sur le pays.

Le 17 février 1948, le gouvernement doit débattre du rapport du ministre de la Justice sur le contrôle de la Sécurité d'État par les communistes, ce que Gottwald, chef du gouvernement, refuse de mettre à l'ordre du jour. Les ministres non communistes préparent un plan : si leurs exigences ne sont pas acceptées, ils démissionnent en bloc et le président Beneš peut nommer un gouvernement « bureaucratique » intérimaire.

Les membres communistes du gouvernement profitent de la situation pour tenter un coup de force, qu'ils réussissent avec l'aide des milices communistes et en sous-main de l'Union soviétique. La Tchécoslovaquie entre alors dans l'orbite de Moscou, assujettie à un gouvernement autoritaire et répressif qui durera jusqu'en 1989 et la révolution de velours.

Dans ces années 1948-1949, la conscience politique n'est pas la seule chose qui s'affirme chez Jean. Ses goûts musicaux commencent eux aussi à prendre forme. Fan de jazz, une musique qui a envahi la France à la Libération, mais que déjà Charles Trenet avait contribué à rendre populaire avant guerre, Jean décide de rejoindre la section versaillaise du Hot Club de France, une association dont le but premier est de promouvoir le jazz dans l'Hexagone.

Une chose amusante cependant, Jean, bien qu'amoureux de musique, ne joue d'aucun instrument. Il lui faut donc en choisir un.

Il opte pour la guitare, un peu au hasard, simplement parce qu'il en aime la forme et la sonorité. Il intègre alors une formation qui joue du jazz style Nouvelle-Orléans.

Sans grand succès, il faut bien l'admettre. Mais peu importe. Cela permet au jeune homme d'approfondir sa connaissance de la musique.

Parallèlement, et parce qu'il est insatiable, Jean, passionné par le théâtre, prend place au sein d'une troupe amateur avec laquelle il monte des classiques.

— Je faisais tout à la fois, je voulais prendre ma revanche, dévorer la vie, racontera-t-il. Je courais d'un métro à l'autre pour suivre des cours de guitare et je rêvais d'être sur les planches.

Le théâtre sera une expérience inoubliable pour le jeune homme. Ce goût pour le spectacle vivant doit beaucoup à l'illustre metteur en scène Jean Vilar qui, au cours de ces années, applique une démarche totalement nouvelle à son art.

Le théâtre doit être à la fois populaire et élitiste. Il doit parler à tous, mais sans faire de concessions à la facilité, à la bêtise ou à la démagogie. Lorsqu'il prend la tête du théâtre de Chaillot qu'il rebaptise Théâtre national populaire, Vilar opère une réelle révolution.

Révolution à laquelle assiste Jean Ferrat. Il en restera émerveillé. Cette « rencontre » avec le théâtre de Vilar l'encouragera à se produire sur les planches.

Il dira :

— Il y avait un souffle, un élan, un esprit de création, une nouvelle forme d'expression théâtrale représentée par Vilar et sa troupe, avec Gérard Philipe qui en était le phare. J'ai vu évidemment tous les spectacles de cette époque. Le TNP organisait des week-ends nouveaux où l'on était accueillis au concert : on voyait des spectacles l'après-midi, on pouvait manger (ils servaient des petits repas dans le grand hall de

Chaillot) et il y avait même un orchestre de jazz. C'était très convivial. Une certaine communauté d'esprit réunissait tous les gens qui se retrouvaient là. C'était une belle période d'élan du théâtre.

Revenant sur son expérience au sein d'une troupe amateur, Jean Ferrat raconte :

— Je faisais partie d'une troupe de théâtre amateur, parce que le spectacle me fascinait... J'adorais chanter, bien sûr, je chantais tout le temps, comme tout le monde dans ma famille – à cette époque, on chantait beaucoup plus que maintenant, je crois –, mais uniquement entre nous. Alors que le théâtre exerçait sur moi une espèce de « fascination des paillettes » [...], j'aimais l'ambiance des répétitions, monter sur scène, jouer des pièces...

Le théâtre, c'est également pour Jean l'occasion de faire face à sa timidité. Le garçon a toujours été réservé, et il lui faut se faire violence pour jouer devant un public.

Jean fait face, car il sent au fond de lui que le frisson de la scène est fait pour lui. Il comprend alors, peu à peu, que le travail d'ingénieur chimiste n'est pas son horizon, qu'il lui faudra sans doute abandonner l'idée d'un emploi stable et bien rémunéré pour se rapprocher de la vie de bohème. Jean fait remonter cette révélation à l'époque du Hot Jazz Club. Il affirme :

— Je m'ennuyais tragiquement sur les chantiers. Je me réfugiais dans la chimie, mais j'étais surtout fou de spectacle. Des copains avaient formé un orchestre de jazz et m'invitèrent à le rejoindre. Je leur avouai que je ne savais jouer d'aucun instrument. « Ça ne fait rien, achète celui dont la forme te plaira le plus ! » Je me laissai séduire par une guitare. [...] Je sus désormais que je ne pourrais être rien d'autre qu'une cigale.

L'idée du spectacle le brûle. Théâtre ou musique, il faudra que l'un des deux prenne le dessus pourtant.

4

Le choix de la chanson

C'est l'environnement de Jean qui aura le dessus. Ses atavismes. S'il aime le théâtre, sa famille et lui ont une passion ancienne et toute particulière pour la chanson. Jean suit donc des cours de guitare et commence à composer ses premières chansons, encouragé en cela par sa mère qui est persuadée, non sans raison, que son fils est pétri de talent. Un talent particulier.

On sent chez ce très jeune homme aux bras trop longs, mal installé dans un corps dont il ne semble pas avoir une parfaite maîtrise, une vibration.

Quelque chose de différent. La voix de Jean colle avec celles qui triomphent à l'époque, qu'il s'agisse de Mouloudji ou de Montand.

Pourtant, son timbre a quelque chose de personnel, même si, en ce début des années 1950, il n'est pas encore totalement affirmé. Le jeune homme doit « se trouver ».

Cependant, et malgré sa timidité, Jean croit qu'il est capable de réussir quelque chose dans le milieu.

Alors que Saint-Germain-des-Prés est devenu le centre du monde intellectuel et artistique occidental (c'est du moins ce que pensent les gens qui y passent leurs nuits), Jean prend sa guitare sous le bras, ses chansons dans la poche et, gonflé à bloc et armé d'une bonne dose du principal élément nécessaire à ce type de démarche, l'inconscience, il va passer une audition dans l'un des cabarets les plus réputés de la rive gauche.

Il s'agit de La Rose rouge, un lieu devenu mythique depuis qu'il accueille des célébrités telles que Juliette Gréco, alors égérie incontestée du microcosme germanopratin, et le génial Boris Vian qui y interprète ses chansons à l'absurdité réjouissante ou au contenu politique fort.

C'est donc à l'été 1953 que le garçon dégingandé se présente devant Nico Papatakis, directeur de La Rose rouge, découvreur de talents, mais aussi juge impitoyable.

Jean ne le sait très probablement pas, mais Papatakis ferait passer le jury de DRH sadiques de *La Nouvelle Star* pour un gentil rassemblement d'enfants de chœur. Lorsque Jean prend place sur scène, on imagine facilement Papatakis faire une moue dubitative.

Qu'est-ce que ce grand machin maladroit va bien pouvoir donner sur scène ?

Le patron de La Rose rouge s'est sans doute déjà fait une vague opinion avant même que Jean n'ouvre la bouche.

Pourtant, dès les premières notes, Nico Papatakis tend l'oreille. Le jeune homme n'est certes pas encore tout à fait en place, mais il possède quelque chose de sensuel et de profond dans sa voix.

Une fois l'audition terminée, plutôt que de renvoyer Jean à ses chères études (qu'il a de toute façon abandonnées), Papatakis lui affirme qu'il détient un je-ne-sais-quoi, certes encore embryonnaire, mais qui, s'il s'affirme, pourrait bien devenir intéressant, voire très intéressant.

Bien entendu, Jean n'est pas engagé à La Rose rouge, mais les encouragements de Papatakis à persévérer lui donnent du cœur au ventre.

Jean reprend sa guitare, remballe ses chansons et part à la recherche d'un engagement ailleurs. Il passe quantité d'auditions. Une véritable douleur pour lui. Il n'aime pas ça. L'enjeu l'angoisse à un point inimaginable.

— C'était tout à fait humiliant. [...] Le fait d'avoir à prouver quelque chose diminuait mes moyens, de telle façon que j'étais nettement en dessous de ce que je pensais devoir faire. Si bien que c'est la peur que j'avais qui m'humiliait.

Jean prend alors d'assaut tous les petits cabarets de la rive gauche afin de parvenir à se produire.

Parallèlement, il trouve un emploi bien curieux de représentant en chorales.

Vraiment de quoi gagner quelques francs, lui permettant de survivre et de poursuivre son rêve de chanson.

— J'ai fait partie d'une équipe qui possédait un camion d'enregistrement. Tout en essayant de chanter, bien sûr, j'essayais de décrocher des chorales auxquelles on proposait un enregistrement. C'était nouveau ; des chorales, à cette époque, il y en avait des dizaines. On allait les enregistrer dans les églises, puis on pressait les disques, 500 ou 1000 disques, et on les vendait. Moi j'étais représentant en, si j'ose dire, enregistrements de chorales. Les affaires étaient dures, mais quand même, les gens s'y intéressaient.

Cela dit, ce qui intéresse Jean avant tout, c'est de parvenir à monter sur scène. Sa chance ? L'effervescence de ce début des années 1950. Partout, les cabarets pullulent, et la mode des chanteurs à texte explose littéralement.

Passant des auditions un peu partout, Jean finit par décrocher quelques engagements.

Il doit d'ailleurs, pour subsister, se produire dans plusieurs boîtes chaque soir, tant le cachet est maigre.

Mais, peu importe, le jeune homme rode ses chansons et se rode lui-même. Il n'est toujours pas très à l'aise sur scène, et cela se voit.

Curieux paradoxe tout de même que cette volonté absolue de se produire devant un public, se mettre à nu, lorsque l'on est, comme Jean, une personne réservée.

Il y a quelque chose de sacrificiel dans cette démarche, de masochiste. Ils sont d'ailleurs nombreux les artistes qui souffrent de devoir se produire devant un auditoire.

On pense notamment à Jacques Brel qui avouait vomir avant d'entrer en scène tant le trac l'assaillait, le submergeait.

Cela restera sans doute, et à jamais, un complet mystère. Si certains chanteurs et comédiens voient la scène comme une thérapie, un remède à leur timidité, on saisit mal pourquoi ils acceptent de subir une telle souffrance.

Quoi qu'il en soit, Jean fait donc ses classes. Il démarre tout en bas, chante dans des salles enfumées, bénéficie parfois d'un gentil succès, d'autres fois d'une indifférence polie.

C'est le lot des forçats de la scène qui, comme lui, ont pris le taureau par les cornes et ne se découragent pas à la première tentative.

Et cette belle attitude, ce courage nécessaire pour vivre dans l'incertitude du jugement du public et des professionnels finiront par payer.

Au début de l'année 1954, Jean est engagé à L'Échelle de Jacob, un cabaret très en vue dirigé par Suzy Lebrun. Comme Papatakis, elle possède un flair sûr pour repérer les artistes prometteurs.

Il faut d'ailleurs rendre hommage à ces patrons de cabarets qui, à leur époque, ont su dénicher d'énormes pointures. Des gens passionnés par leur métier, à la recherche de la nouvelle sensation qui leur permettrait de remplir leur salle. Des gens qui prennent le risque de donner sa chance à tel ou tel artiste parce qu'il a un petit truc en plus.

5

Premiers pas

Suzy Lebrun offre à Jean, pour tout un mois, le lever de rideau de son cabaret qui fait autorité en matière de découverte de talents. Jean se produit avant un certain Charles Aznavour qui, lui aussi, a quelques difficultés.

— À ce moment-là, tout le monde le jetait, raconte Jean. C'était Bécaud qui était à la pointe. Aznavour souffrait beaucoup à l'époque. Qu'est-ce qu'on a pu lui administrer comme camouflets !

Les temps sont durs pour tout le monde. Mais on s'accroche, parce qu'on y croit. Jean a pris un pseudonyme pour l'occasion. Il s'appelle désormais Jean Laroche. Un pseudonyme qui convient d'ailleurs bien à sa stature. Il paraît à la fois solide et fragile, cristallin. Il n'est pas un rocher ou un roc ; une roche, le féminin adoucit, évoque une forme de transparence, de fragilité. Bref, c'est un beau nom pour ce chanteur à la carcasse imposante, mais à la fragilité évidente.

Et Jean Laroche se produit donc chaque soir devant le public de L'Échelle de Jacob, où il interprète quatre chansons, guitare en main, pied posé sur un tabouret, à la manière d'un Georges Brassens. Sans parler d'un succès vif et immédiat, Jean Laroche parvient tout de même à faire tendre l'oreille à son auditoire.

Suzy Lebrun sent le potentiel du jeune homme ; il n'a que 24 ans, mais elle voit bien aussi qu'il a encore besoin de se perfectionner, de livrer des batailles avant d'exploser réellement.

Aussi, la patronne de L'Échelle de Jacob, qui entretient un réseau d'amitiés avec de nombreux cabaretiers en France et à l'étranger, décroche à Jean un contrat de deux mois dans un établissement belge, situé dans la ville d'Anvers.

L'endroit est présenté comme sélect à Jean qui accepte immédiatement. Il n'a, de toute façon, pas tellement d'opportunités ailleurs, et jouer tout l'été dans une boîte lui semble être une aubaine.

Au final, l'endroit est moins sélect qu'annoncé, et les cachets, guère alléchants. Mais, en bon petit soldat, Jean s'exécute chaque soir de cet été 1954.

— J'ai passé deux ou trois mois difficiles, se souvient-il, parce qu'il fallait chanter pour des gens qui avaient abusé du Maes pils, comme ils disaient. [...] Enfin, le patron était bonhomme, il faisait respecter le silence quand je chantais...

On voit ici à quel point Jean n'est pas bégueule. Il sait qu'il doit en passer par là, qu'il n'a d'autre choix que de faire ses premières armes s'il souhaite parvenir à la notoriété, réussir à vivre pleinement de son art.

L'épisode anversois ne le décourage aucunement, bien au contraire. Jean n'a pas vaincu ses démons, mais il parvient peu à peu à les mettre en sourdine. Sans être totalement à l'aise sur les planches, sa présence commence à s'affermir.

Si Jean Tenenbaum prend peu à peu de l'assurance, il en va exactement à l'inverse pour la France dans ces années 1954-1955.

La guerre d'Indochine s'est piteusement terminée dans la cuvette de Dien Bien Phu, les forces du général Giap ont obtenu la reddition des troupes françaises coloniales, et les accords de Genève, en 1954, contraignent la France à quitter la péninsule indochinoise.

Fin d'une guerre coloniale. Début de la fin de l'empire français, relief anachronique du siècle précédent. Le monde n'est plus le même depuis la fin de la Deuxième Guerre mondiale. Il est devenu bipolaire, deux forces diamétralement opposées se faisant face, deux forces qui excèdent toutes les autres en puissance. Les deux nations sorties vainqueurs de la guerre, les USA et l'URSS (peut-être fallait-il un acronyme pour gagner le conflit), dictent à présent la géopolitique mondiale. Deux nations qui, au-delà de leurs armées pléthoriques, possèdent l'arme ultime, cette bombe atomique omniprésente dans l'esprit de chacun, cet Armageddon qui a mis fin à la guerre en dévastant Hiroshima et Nagasaki. Le monde est désormais régi par l'équilibre de la terreur. Dans ces conditions, les puissances déclinantes que sont la France et l'Angleterre ont perdu leur aura, leur ascendant sur les peuples qu'ils ont colonisés. La fin des colonialismes est l'inévitable conséquence d'un monde bouleversé.

Mais cela se fera dans la douleur.

Car la France s'accroche à sa gloire passée, à ce qu'elle imagine être sa gloire passée. L'empire est encore synonyme de puissance pour les responsables hexagonaux. Comme si, après avoir été humiliée par l'Allemagne, la France pouvait encore garder des pays lointains sous son joug. L'affaiblissement de la France, ajouté au légitime désir de liberté des peuples à disposer d'eux-mêmes, sonne le glas de la colonisation. Cependant, l'humiliante défaite de la France dans la péninsule indochinoise ne servira pas de leçon aux autorités. La même année commence la « guerre sans nom » ; les départements français d'Algérie se soulèvent et tiennent tête à la

France. Les « événements » d'Algérie, comme ils seront nommés par euphémisme, à moins que ce ne soit par inconscience, marqueront la fin d'une Quatrième République à bout de souffle. Cette tourmente, Jean la vit, il la suit, elle signifie quelque chose de fort et d'important pour le jeune homme qui s'est formé au contact de gens fortement ancrés à gauche. Pas grand-chose qu'il peut faire cependant. Jean doit poursuivre son bonhomme de chemin ; sa parole ne vaudra que lorsqu'il aura un auditoire...

Il multiplie les engagements, prend tout ce qui se présente à lui. Il passera en attraction dans les cinémas, jouera le rôle de compère dans des émissions de radio :

— Je jouais les faux candidats dans des jeux radiophoniques : je devais répondre jusqu'à une certaine question, et là dire : « Je ne sais pas ! » Ça me fait rire. Je touchais 50 francs par émission, ce qui représentait un petit supplément pour vivre. Il fallait bien se démerder !

Jean fera également de la figuration dans quelques films, tels *Si Versailles m'était conté* ou encore *Notre-Dame de Paris*. Il faut bien vivre. Et cela ne déplaît pas toujours à Jean. Il garde même un joli souvenir de l'adaptation cinématographique de l'inoubliable roman de Victor Hugo.

— Un jour, on m'a proposé une figuration pour

ce film, dans lequel jouait Gina Lollobrigida, mon idole ! Elle était Esméralda et moi, un gueux dans la cour des Miracles ! Je voyais passer la belle Gina, ma Gina, au loin – le rêve –, et moi, j'étais un verre de terre... L'étoile et le ver de terre !

On reconnaît là un Ferrat amoureux de poésie, et connaisseur des classiques. Il fait ici référence à la pièce Ruy Blas, du même Victor Hugo, et à ces très jolis vers :

Madame, sous vos pieds,
dans l'ombre, un homme est là
Qui vous aime, perdu dans la nuit qui le voile ;
Qui souffre, ver de terre amoureux d'une étoile ;
Qui pour vous donnera son âme, s'il le faut ;
Et qui se meurt en bas quand vous brillez en haut.

Jean Tenenbaum est et a toujours été très sensible à la poésie. La poésie empreinte d'un certain romantisme, exaltant les aspirations les plus hautes de l'être humain, montrant sa grandeur malgré sa petitesse.

Et c'est cette poésie qui va changer la donne pour Jean Tenenbaum, chanteur méconnu sous le nom de Jean Laroche, future vedette du nom de Jean Ferrat...

6

Aragon, déjà

Il y a encore bien loin avant que Jean Tenenbaum/Laroche ne s'impose avec un nouveau pseudonyme. Il doit trouver sa voie, son style, il a absolument besoin de se démarquer. Les textes qu'il écrit ne sont pas encore tout à fait au point et, contrairement à son idole Charles Trenet qui a pu écrire « La Mer » en 20 minutes, Jean est plutôt un besogneux.

Il a besoin de temps pour parvenir à sortir quelque chose de correct, dont il soit content. Il lui est par conséquent difficile de tenir un tour de chant avec ses seules chansons. Or, comme il est totalement inconnu du grand public, personne ne vient lui apporter de textes. Cela semble parfaitement logique, mais demeure très handicapant pour le chanteur. Jean décide donc de courir les maisons d'édition musicale afin de trouver des partenaires d'écriture.

En ces temps reculés, les maisons d'édition musicale sont encore des laboratoires, des lieux où s'effectuent les recherches.

Aussi, la plupart d'entre elles mettent-elles une salle dotée d'un piano à la disposition des auteurs et des compositeurs qui peuvent se retrouver l'après-midi afin de mettre leurs talents en commun. Pour Jean, c'est la combinaison idéale.

Ce vivier lui permet de tester ses idées, de les confronter, de les faire avancer plus vite.

C'est là qu'il rencontre l'éditeur Maurice Vandair, qui va jouer un rôle déterminant dans la carrière du chanteur. Jean, nous l'avons dit, aime la poésie. Un jour, il chantonne un air qui lui traverse l'esprit.

Et cela le frappe soudain. Cet air joliment mélancolique se marierait très bien avec un poème qu'il a lu quelques années auparavant.

Un poème de Louis Aragon. Il n'en a plus le souvenir exact, mais sait que les mots d'Aragon et sa petite mélodie pourraient aller merveilleusement bien ensemble.

— Je me suis précipité vers ma bibliothèque, j'ai ouvert la page, et la mélodie cadrait parfaitement. Voilà la première rencontre miraculeuse entre Aragon et moi.

Il décide de présenter son adaptation à Maurice Vandair. Jean est dans ses petits souliers. Certes, les mots sont splendides, la mélodie fonctionne, mais mettre un poème d'amour en musique ? Pourtant, Jean « sent » particulièrement bien ce coup. Il a le sentiment que cela lui ressemble. Il se retrouve dans ces mots : *Tes yeux sont si profonds qu'en me penchant pour boire/J'ai vu tous les soleils y venir se mirer/S'y jeter à mourir tous les désespérés/Tes yeux sont si profonds que j'y perds la mémoire/Les vents chassent en vain les chagrins de l'azur/Tes yeux plus clairs que lui lorsqu'une larme y luit/Tes yeux rendent jaloux le ciel d'après la pluie/Le verre n'est jamais si bleu qu'à sa brisure...*

Le sens poético-romantique de Jean se trouve tout entier dans ces vers. L'amour d'une femme et la misère humaine, mélangés, transcendés par la beauté des mots. Le style Ferrat est là, déjà.

Car Jean ne sera jamais meilleur que lorsqu'il parlera des choses de façon détournée, usant de la poésie et prenant de la hauteur.

Mais nous n'en sommes pas là. Pour l'heure, Jean Tenenbaum a les mains moites, le cœur battant, et attend avec anxiété l'avis de Maurice Vandair.

L'homme est séduit. Il accepte de présenter la chanson à un interprète. Curieusement, Vandair pense à André Claveau, chanteur plutôt guimauve, interprète de bluettes doucereuses tel le très sucré « Cerisiers roses et Pommiers blancs ».

À la surprise de Jean, Claveau accepte la chanson, bien qu'elle n'ait que très peu de rapport avec le reste de son répertoire.

L'homme est un professionnel de premier ordre ; il comprend que prendre cette chanson peut contribuer à modifier son image. Jean, parlant de la différence de style entre « Les Yeux d'Elsa » et le reste des chansons de Claveau, dira :

— Je crois que c'est justement ça qui l'a attiré. Parce que c'était inhabituel.

Jean va donc pouvoir déposer sa chanson à la Sacem. Un petit hic cependant. Lorsqu'il entame les démarches, on lui apprend que le nom de Laroche est déjà utilisé et qu'il ne peut en aucun cas déposer sa chanson sous ce nom.

Dommage, il l'aimait bien. Jean Tenenbaum se creuse les méninges. Utiliser son véritable nom lui paraît insensé. Trop long, trop compliqué.

Il lui faut un nom plus simple, plus court, plus français peut-être également. Jean Laroche changera son pseudonyme pour Ferrat. Il racontera comment ce nom lui est venu :

— À ce moment-là, dans le métier, on me disait qu'il fallait un nom court, que le mien serait trop long sur les affiches ; d'abord, je tenais à mon prénom, que j'aimais bien, et j'aurais peut-être gardé Jean Laroche si on ne m'avait pas dit à la Sacem que ce n'était pas possible parce qu'il y en avait déjà un. Alors, en regardant la carte de France, j'ai mis très longtemps à me décider ; j'avais trouvé d'autres pseudonymes qui étaient de vrais noms et je suis tombé par hasard sur Saint-Jean-Cap-Ferrat. Ça sonnait bien, c'était clair, c'était court.

Va pour Jean Ferrat. Il a à la fois une sonorité ouverte et rocailleuse qui, finalement, évoque aussi bien la personnalité de Jean que le nom Laroche.

Une fois les formalités remplies, Jean peut donc déposer sa chanson à la Sacem, et André Claveau, l'interpréter.

Le morceau sort en 1956 et fera l'objet d'une importante diffusion sur les ondes radiophoniques. Malgré cela, la chanson ne sera pas un réel succès. Jean est trop prudent pour se voir déjà au firmament, mais il espérait tout du moins que sa chanson lui permettrait de commencer à voir son nom circuler, au moins chez les professionnels. Mais ce ne sera pas le cas. Revenant sur cette période :

— Ça n'a rien permis du tout ! Cela faisait plaisir à ma mère et à moi quand on l'écoutait parce que c'est un peu passé à la radio, c'est vrai, mais moi je continuais à peiner. Ce n'était pas facile ;

quand je trouvais un cabaret pour m'engager, sur la rive gauche, principalement, c'était important...

Mais l'année 1956, si elle ne lui apporte pas entière satisfaction sur le plan professionnel, va tout du moins lui offrir la « divine rencontre ». Depuis quelque temps déjà, Jean croise dans les cabarets une jeune comédienne qui s'essaye également à la chanson.

La jeune femme a un réel talent et un tempérament de feu. Jean l'admire de loin, mais ne l'approche pas réellement. Sans doute l'impressionne-t-elle un peu, lui le timide, le dadais aux bras ballants. Il faut une rencontre chez des amis communs pour que les deux futurs tourtereaux fassent réellement connaissance.

Et le premier contact est littéralement un choc :

— Elle était tellement contente de me voir qu'elle m'a filé un grand coup de poing dans le plexus et moi, je lui ai retourné une paire de baffes ! Alors, on s'est empoignés, il y avait un aquarium sur une table qui a volé... Bref, il a fallu que les copains s'interposent parce qu'on se bagarrait.

Une rencontre pour le moins électrique...

Christine subjugue Jean. Ils ont le même âge, à trois mois près, mais la jeune femme a déjà beaucoup vécu. Elle est déjà mère d'une petite

Véronique et, plutôt que de jouer la sécurité, a décidé de se lancer dans le cabaret en cette année 1956. Elle débute réellement au mois de novembre, au Cheval d'or où elle interprète du Brassens notamment. Son passé de comédienne joue largement en sa faveur, la présence scénique de Christine étant indéniable.

Elle possède un talent incroyable, interprète ses chansons avec la plus grande sobriété tout en parvenant à faire passer des émotions d'une simple expression du visage. Bref, Christine est une jeune femme talentueuse, très talentueuse.

C'est également une femme engagée. Elle aime les textes engagés, plus rudes que ceux qu'interprète son amoureux. Sa personnalité hors du commun ne manquera pas d'influencer largement la carrière de Jean.

Rencontre divine pour Jean, consternation pour le reste du monde en cette année 1956.

La révolte de Budapest est écrasée dans le sang par l'armée soviétique. L'insurrection de cette ville est intéressante à plus d'un titre. D'abord, elle est issue d'une contagion.

En effet, la mort de Staline le 5 mars 1953 provoque une série d'événements en Pologne qui conduisent à la révolte hongroise. Les révélations, au XXe Congrès du Parti communiste soviétique à la fin février 1956, par Khrouchtchev des crimes de Staline ouvrent la voie d'une contestation politique plus large, au grand jour.

La Pologne se libéralise petit à petit, suite à une série de révoltes dans le pays.

Le Comité central intègre dans le Bureau politique plusieurs personnalités voulant plus de liberté. Le 23 octobre, Gomulka, nouveau dirigeant d'une Pologne en marche vers la libéralisation, prononce un discours expliquant à 300 000 personnes rassemblées sur la place de la Culture les réformes qui vont être mises en place.

Ce discours est entendu en dehors de la Pologne et a un écho inattendu en Hongrie.

Les Hongrois réclament la même chose que les Polonais, à savoir le rejet définitif du stalinisme, le retrait des troupes soviétiques, la démocratisation du pays, une remise en ordre de l'économie et l'indépendance du pays.

À l'instar de Gomulka, le dirigeant hongrois Imre Nagy réclame le droit pour la Hongrie de choisir sa propre voie conduisant au socialisme. Imre Nagy est un personnage central de l'insurrection.

Il s'empare de l'agitation de la capitale pour annoncer un programme de reconstruction économique qui tiendrait compte des revendications des ouvriers, des paysans et des intellectuels. Mais l'agitation des étudiants, ouverts à des idées plus radicales, avait débuté dès le 19 octobre. Le ministre de l'Éducation déclare envisager la suppression de l'étude obligatoire du russe et une série d'autres réformes.

Cette déclaration est suivie de manifestations étudiantes dans toute la Hongrie.

En début de soirée du 22 octobre, les objectifs de la révolution hongroise sont plus ou moins formulés par les étudiants et réunis sous la forme d'une liste : les 16 revendications des étudiants.

Une grande manifestation est alors organisée. Face aux revendications formulées à l'annonce de la manifestation, Ernest Gerö, le premier secrétaire, hésite à autoriser la manifestation du 23 octobre.

À 11 heures du matin, une annonce est faite à la radio : *« Afin de maintenir l'ordre public, le ministre de l'Intérieur n'autorise jusqu'à nouvel ordre aucune réunion, ni manifestation publique. »* À 13 heures, le gouvernement cède, la radio annonce la levée de l'interdiction.

Une dizaine de milliers de personnes s'agglutinent, principalement des étudiants, des ouvriers, des soldats ; les drapeaux hongrois flottent sans le symbole de la faucille et du marteau.

À 18 heures, 200 000 à 300 000 personnes s'amassent devant le Parlement et réclament l'extinction de l'étoile rouge sur l'édifice. À 2 heures 30 du matin, la statue de Staline tombe. Gerö prononce un discours pour essayer d'apaiser la foule, mais il ne parvient qu'à l'exaspérer. Dans la nuit du 23 au 24, la manifestation glisse vers le soulèvement.

Le Comité central se réunit et prend deux décisions. Il désigne Imre Nagy comme président du Conseil et appelle à l'aide des troupes russes stationnées près de la capitale pour rétablir l'ordre.

L'état de siège et la loi martiale sont alors proclamés. Après 10 jours d'espoir, les chars soviétiques entrent dans Budapest, et les troupes ouvrent le feu sur la foule.

Le bel espoir incarné par Imre Nagy (qui sera d'ailleurs exécuté deux ans plus tard) est étouffé dans l'œuf. L'Union soviétique ne tolérera pas de dissidence et le fait savoir.

Pourtant, ce soulèvement hongrois est de près ou de loin la conséquence de la dénonciation des crimes du camarade Staline par le XXe Congrès du Parti communiste soviétique au mois de février de la même année.

Peut-être a-t-on cru que l'aveu de la férocité de Staline ouvrait une ère nouvelle ? Cela n'a pas été le cas. Sans que personne en Europe ne bouge le petit doigt, Budapest est écrasé et doit rentrer dans le rang.

Cette révolte, ajoutée à l'étouffement de l'insurrection hongroise, interpelle nombre de compagnons de route du Parti communiste français qui, pour sa part, suit aveuglément les consignes de Moscou.

Une période trouble pour tous ceux qui ont cru à l'idéal communiste. Certains tombent dans une amère désillusion, d'autres dans un déni coupable.

Si l'année a été difficile pour Jean Ferrat, elle lui a cependant apporté l'amour et la preuve qu'il peut d'une manière ou d'une autre toucher les professionnels de la musique.

Mais il ne souhaite pas s'arrêter là. Têtu, il décide de persévérer. Il continue à courir les cabarets tels le Milord l'Arsouille, Le Port du salut ou encore Chez Moineau.

Il finira par être embauché à La Colombe, où il se produira pendant quatre ans...

7

La Colombe

La Colombe est un cabaret dirigé par un certain Michel Valette. Chasseur de talents comme tant d'autres en cet âge d'or du cabaret, il accueille dans son établissement nombre de chanteurs et de chanteuses qui feront plus tard beaucoup parler d'eux. Valette a une marotte, une lubie : les chanteurs à guitare.

Parmi les futures célébrités à s'être produites, on compte, outre Jean Ferrat, des futures têtes d'affiche tels Pierre Perret, Guy Béart ou encore Anne Sylvestre.

La Colombe est un cabaret un peu curieux, plutôt mal fichu puisqu'il comporte deux salles qui ne communiquent pas entre elles. Valette, fou de chanson, a commencé par interpréter lui-même des succès pour égayer les clients, puis il raconte qu'il a peu à peu demandé aux clients de chanter.

Il leur offre leur consommation contre une ou deux chansonnettes.

Le temps passant, il finit par embaucher des artistes, comme Guy Béart, qui lui apportent du public et un peu d'argent. Il peut ensuite engager quelques artistes supplémentaires.

Devant le succès de son cabaret, il se voit contraint de faire passer des auditions. Et c'est à un de ces humiliants examens de passage que doit donc se plier Jean Ferrat.

Mais Valette a la dent dure. Lorsqu'il voit Ferrat sur la scène, il comprend immédiatement que la présence du bonhomme peut faire des merveilles, mais, en même temps, il repère quelques tics, des choses clairement empruntées à d'autres chanteurs, Yves Montand principalement. Valette le renvoie par conséquent dans ses pénates.

Si Ferrat veut chanter à La Colombe, il lui faudra gommer ces petits emprunts, ces petites manies qui polluent largement son style, qui, en fait, lui retirent tout style personnel.

On imagine Jean Ferrat déçu, sans doute un peu vexé aussi, mais les critiques ont parfois du bon. Il reconnaîtra bien plus tard :

— Je commençais à écrire et j'étais influencé par les succès de cette époque, en particulier par ceux d'Yves Montand et de Francis Lemarque, parce qu'ils savaient être, à mon avis, à la fois de qualité et populaires. Et c'est toujours ce que j'ai essayé de faire par la suite. En fait, c'est l'idéal.

Jean travaille, modifie, tente autant que possible de se défaire de ses modèles, puis revient trois ou quatre mois plus tard et passe une nouvelle audition.

Valette a toujours des réserves. Certes, Ferrat s'est débarrassé de Montand, mais...

— Il avait évolué, raconte Valette, avait gommé tout ce qui faisait trop penser à Montand. Scéniquement, je le trouvais trop discret. On avait l'impression qu'il ne cherchait pas à accrocher. On ne ressentait pas en lui ce que l'on trouve chez beaucoup de chanteurs : le goût d'aimer chanter en public.

Cependant, Jean est engagé, et il jouera à La Colombe pendant quatre ans, sur des périodes de trois ou quatre semaines, trois ou quatre fois dans l'année.

Bref, La Colombe devient un peu sa maison.

Une maison qui a la particularité d'avoir un mode de fonctionnement à la fois hiérarchisé et égalitaire. Un chanteur doit faire ses preuves, et son ordre de passage dépend de son ancienneté. On passe d'abord premier, puis deuxième, et ainsi de suite.

Ce sont des échelons qu'il faut gravir. Et Jean les gravira un par un, avec l'abnégation d'un petit soldat. Un autre élément qui n'est sans doute pas pour déplaire à Jean, c'est le refus des têtes d'affiche.

Tout le monde est logé à la même enseigne, dans une forme d'égalitarisme qui peut paraître déconcertant pour une salle où l'on vient écouter de la musique.

Comme les programmes ne sont pas divulgués dans les journaux, ce n'est qu'en se déplaçant que l'on peut savoir qui va jouer. De plus, chaque artiste se voit offrir le même cachet, qu'il s'agisse de celui qui passe en premier et qui ne joue que quelques chansons ou celui qui effectue un véritable tour de chant d'une demi-heure.

Cette façon de voir convient bien à Jean dont les convictions se font de plus en plus fortes au fur et à mesure que les années passent.

De plus, bien que les conditions de travail dans un cabaret soient difficiles, elles apportent beaucoup à Ferrat, qui apprend son métier à la dure.

Il y a sans doute une forme de solidarité ouvrière à aimer gagner sa place dans la difficulté.

Si Jean est une cigale, il a la conscience des fourmis.

— Là, il faut assurer. [...] Et c'est très dur psychologiquement. Il faut arriver à résister, surtout quand ça dure des années.

C'est vrai, Jean a un moral de fer. La Colombe ne lui apporte pas la notoriété qu'il espère, et, finalement, au vu du fonctionnement de l'établissement, cela semble logique. Il n'y gagnera pas vraiment sa vie non plus. Mais cela aura été formateur, et il aura fait de très belles rencontres.

Cependant, durant la période où il officie à La Colombe, il continue d'écrire, principalement de composer pour les autres. En août 1958 sort un 45 tours intitulé « Betty de Manchester », musique de Jean Ferrat, paroles de Roger Rabiniaux, interprété par une chanteuse tout à fait prometteuse nommée Georgie Viennet.

Une jeune femme extrêmement talentueuse, mais dont la carrière sombrera rapidement.

Et peu après, c'est au tour de Jean lui-même de sortir un 45 tours. Le premier avec les disques Vogue. Quatre titres comme c'est encore le cas à l'époque. Le disque ouvre sur une très jolie chanson rappelant certains chants populaires traditionnels comme « J'avions reçu commandement » ou encore « Le Soldat mécontent ».

Il s'agit des « Mercenaires ». Une chanson rythmée par les roulements de tambour dénonçant la condition des miséreux, obligés de se faire mercenaires : *Sans argent et sans métier que pouvions-nous faire/Pas besoin d'être bachelier pour partir en guerre/Car on ne possédait rien que des souliers fatigués/Que les herbes des chemins la nuit pour se reposer.* « Quand les riches se font la guerre, ce sont les pauvres qui meurent », écrira Sartre dans *Le Diable et le Bon Dieu*...

Viennent ensuite des chansons comme « Ma vie, mais qu'est-ce que c'est ? », chanson d'amour, bien entendu, puis « Frédo la nature », une bien curieuse chanson parlant d'un amoureux de la nature qui tue un ami qui a marché sur ses plantations : *De l'amour, ton seul domaine, tu devins l'expert/Mais tu n'avais qu'une rengaine, « Je veux m' mettre au vert »/Jardinier pendant que ces dames en toute saison/Arpentaient le macadam, tu coupais l'gazon/Mais il a fallu qu'un pote, sans ta permission,/Vienne un jour fourrer ses bottes dans tes plantations/D'un coup d' sécateur rapide, tu lui as coupé/Un p'tit morceau d'carotide, c'était régulier.* En réalité, bien sûr, la chanson parle de tout autre chose... et le fameux Frédo est tout simplement un proxénète. Frédo la nature est une curiosité, un hommage réussi et drôle à certaines chansons réalistes.

Le disque se termine sur « L'Homme-Sandwich » qui rappelle dans son thème le chef-d'œuvre de Gainsbourg, « Le Poinçonneur des Lilas ». L'histoire d'un petit qui rêve à d'autres horizons.

La chanson est bien moins réussie que celle du Grand Serge, cependant, et l'influence d'Yves

Montand, trop présente, en rend l'écoute presque agaçante. Pourtant, les paroles ne sont pas dénuées d'un certain charme : *L'homme-sandwich a de la peine/Il voudrait bien aller flâner/Avec les gens qui se promènent/Sous le soleil des beaux quartiers* [...] *Des feuilles et des papiers multicolores/Qu'il remet à tous les passants/S'envolent pour le suivre longtemps encore/En tourbillonnant dans le vent/Et les mains dans les poches/Il s'éloigne en rêvant/Tandis que deux gavroches/Les ramassent en riant.*

Au final, c'est un disque plutôt réussi, assez joli, dont Jean Ferrat n'a pas à rougir, qui sort à l'automne 1958. Mais le succès ne sera pas au rendez-vous.

C'est même un beau bouillon. Jean va devoir encore prendre son mal en patience s'il désire percer. Revenant sur cette première sortie, il dira :

— Ce n'étaient pas de mauvaises chansons, mais ça a été le fiasco total, alors on ne m'a pas fait faire d'autre disque, et j'ai vogué comme ça pendant deux ans dans la nature...

Au moment où sort le premier disque de Jean, la France est en ébullition. Charles de Gaulle a été nommé président du Conseil quelques mois plus tôt pour tenter d'endiguer le problème algérien suite à la crise de mai 1958 entraînée par le putsch d'Alger qui a eu lieu le 13 mai.

Il se rend au mois de juillet dans la capitale algérienne pour tenter de rassurer et n'y parvient qu'à moitié.

Devant l'instabilité des gouvernements de la Quatrième République, le « Grand Charles » fait rédiger une nouvelle constitution.

La Cinquième République accorde un pouvoir plus important que la Quatrième au président de la République. Il lui est conféré le pouvoir exécutif. La durée du mandat présidentiel est de sept ans.

Le texte voté en 1958 introduit une nouveauté dans le mode d'élection du président de la République, auparavant élu par la réunion de l'Assemblée nationale et du Sénat.

Aussi la Constitution confie-t-elle dans un premier temps le soin d'élire le président de la République à un collège d'environ 80 000 grands électeurs (députés, sénateurs, conseillers généraux, maires et délégués des conseils municipaux).

Ce système n'est utilisé qu'une seule fois, pour l'élection de Charles de Gaulle.

Un référendum sera organisé en 1962 par le président de Gaulle pour modifier à nouveau le mode d'élection du président de la République. Il introduira le principe de son élection au suffrage universel direct.

Ainsi, la France entre dans la Cinquième République et l'année 1958 se clôt sur un échec pour Ferrat et une victoire pour De Gaulle.

Une année décevante pour le chanteur qui a sorti un premier disque dans lequel il avait mis beaucoup d'espoir.

Heureusement, l'année suivante sera meilleure et lui réserve une rencontre décisive.

8

Premier disque

C'est grâce à Christine Sèvres, sa compagne, que Jean va faire une rencontre capitale en cette année 1959. Christine est en pleine ascension, se produit dans de nombreux cabarets et commence à jouir d'une certaine notoriété.

Les critiques couvrent d'éloges ses moindres passages et on lui prédit une très grande carrière, carrière qu'elle ne fera malheureusement pas. En revanche, elle va permettre, fruit du hasard, une rencontre qui va bouleverser la carrière de son « mec », comme elle dit.

En effet, Christine va un jour passer une audition salle Pleyel pour les éditions Philips. Elle est reçue et auditionnée par un certain Gérard Meys, l'un des directeurs artistiques de la maison. Meys n'est pas, et de loin, la personne la plus influente chez Philips ; c'est la raison pour laquelle c'est lui qui est responsable des auditions.

Il présélectionne les artistes. Après avoir entendu Christine interpréter quelques chansons, il lui demande de qui elles sont.

Réponse : Ferrat, un jeune chanteur qui se produit à La Colombe. Meys se rend sans tarder dans le cabaret de Michel Valette pour y écouter le bonhomme. Et ce qu'il entend lui plaît. Lui plaît même beaucoup.

Au point qu'il décide de faire enregistrer un disque souple à Ferrat (sorte de maquette de démonstration de l'époque) et de le présenter à Jacques Canetti qui dirige alors le service chez Philips. Canetti est un véritable surdoué qui a découvert un nombre incroyable de talents. L'homme est fort, affûté.

Pourtant, il ne « sent » pas Ferrat et le refuse. Meys est dépité. Il est convaincu que Jean Ferrat peut s'imposer. Mais il n'a aucun moyen de le faire accepter dans sa maison.

Gonflé à bloc, il propose à Jean Ferrat de s'occuper de lui. On n'a pas voulu du jeune homme chez Philips ? Qu'à cela ne tienne, il ira frapper à d'autres portes. Meys a peu de relations, mais, à force de volonté, il parvient à décrocher un contrat chez Decca grâce à Daniel Filipacchi. Ce dernier, après avoir entendu « Federico Garcia Lorca », et n'être pas du tout certain de ce qu'il fait, accepte de se lier à Ferrat pour trois ans. C'est Meys qui en aura la charge en tant que producteur.

— Jean a obtenu un contrat de trois ans chez Decca, raconte-t-il. Je m'occupais de lui avec un contrat de deux lignes, spécifiant mon pourcentage. J'étais devenu producteur indépendant sans le savoir [...], je faisais tout, et on n'a jamais revu Filipacchi.

Le paysage musical français, en cette fin de la décennie 1950, va être frappé par un véritable fléau.

Le jeunisme ambiant dû au baby-boom qui a suivi la fin du deuxième conflit mondial va se traduire dans l'industrie du disque avec force.

Des millions de jeunes accédant à la consommation, on leur concocte des produits spécialement adaptés à ce que l'on pense être leurs désirs, leurs besoins.

Les patrons du disque mettent sur le devant de la scène des chanteurs et des chanteuses qui sont à peine plus âgés que leurs fans, les habillent, les « markettent » et leur font chanter des bluettes parlant d'amours adolescentes, de vacances à la plage et autres thèmes propres à réveiller et affûter grandement l'esprit de cette nouvelle génération. Pardon pour l'ironie...

Cette huitième plaie d'Égypte porte un nom aussi ridicule que la plupart des musiques qu'elle met en avant. Il s'agit bien entendu de la mode yéyé qui verra déferler sur les ondes des artistes comme Richard Anthony, pour ne citer qu'un de ses plus beaux fleurons.

À cette période, l'air est saturé de musiques guillerettes, mélodies simples, paroles idiotes, saturé au point que certaines grandes vedettes se voient mises au rancart.

On se rappelle qu'un certain Charles Trenet, pas vraiment le dernier venu, a purement et simplement disparu du devant de la scène parce qu'il ne pouvait se faire entendre dans ce brouhaha incertain.

Pourtant, à cette même époque, comme si l'histoire voulait contrebalancer la crétinerie ambiante, certains artistes sont parvenus à émerger. Je veux dire de vrais artistes.

Et Ferrat sera de ceux-là. Surprenant quand on y pense. Jean a passé des années à tout tenter pour réussir, à écumer les cabarets, à donner de sa personne autant qu'il était possible, mais n'est pas parvenu à s'imposer alors que le contexte était favorable, que Saint-Germain-des-Prés était devenu le centre de la chanson.

Et c'est au moment où l'on passe à tout autre chose que Ferrat parvient enfin à faire entendre sa voix.

Grâce à la persévérance et à la foi de Gérard Meys, Jean va finir par enregistrer un deuxième disque sur lequel figureront « L'Éloge du célibat », « Ma môme », « Regarde-toi Paname » et « Federico Garcia Lorca ».

La première chanson est assez amusante. Pas une totale réussite. On sait que, sur le célibat, d'autres ont chanté des choses bien plus consistantes, mais l'aspect léger de la chanson lui donne un certain charme : *La fille que j'aurai un jour/Dans la peau/Je crois bien qu'elle est toujours/Au berceau/Je n'brûle jamais à ma flamme/Le même bois/Je suis d'ceux qui n'aiment qu'une femme/À la fois.*

Beaucoup plus intéressante parce que prenant à contre-pied les chansons à la gloire de Paris. Musicalement, on pense au « Diable, ça va » de Jacques Brel.

Sur un rythme jazz entraînant, Ferrat critique Paris, ville bourgeoise, ingrate, laide parfois : *Paname si tu te crois belle/C'est que tu n't'es pas regardée/Du côté du quai de Grenelle/Ou de Maubert/Mutualité.* Ferrat dénonce également la misère qui, encore à cette époque, existe dans les vieux quartiers de Paris.

Les hôtels au mois, les taudis sans électricité, c'est le revers de la Ville lumière : *Y a des revers à tes médailles/Des rimes pauvres à tes poèmes/Pour cent palais pour cent ripailles/Combien de taudis de carêmes.*

Mais ce chant est aussi un chant d'amour, en mode déceptif, mais malgré tout il se termine sur l'amour de Ferrat pour sa ville : *Et pourtant je n'ai pas l'envie/De traîner ailleurs mes souliers/ C'est là qu'j'ai commencé ma vie/C'est là que je la finirai.*

Quant à « Federico Garcia Lorca », la chanson sur un faux air de flamenco peut-être un peu redondant avec le thème de la chanson est un très joli texte.

Dans la pure tradition de la chanson anarchiste qui aimera toujours parler des poètes assassinés pour en faire des symboles de la folie meurtrière des dictateurs et des fascistes, « Federico Garcia Lorca » rend hommage à l'immense poète de Grenade, fusillé par les fidèles du général Franco en 1936. Les paroles sont de Jean Ferrat lui-même, contrairement aux autres chansons du disque.

À l'écoute, on comprend l'amour du chanteur pour le génial poète et la connaissance qu'il a de son œuvre. La figure du gitan revient deux fois au cours du morceau, figure prépondérante chez Lorca, métaphore de la liberté : *Dans ta voix/ Galopaient des cavaliers/Et les gitans étonnés/ Levaient leurs yeux de bronze et d'or/Si ta voix se brisa/Voilà plus de vingt ans qu'elle résonne encore/Federico García.* Le texte est ciselé, précis, poétique, à des années-lumière de la production yéyé qui commence à submerger les ondes radiophoniques à la même époque. L'amour de Ferrat pour Lorca n'est pas nouveau ; il confiera des années plus tard :

— Quand je l'ai lu, à l'âge de mon adolescence, Lorca a été le premier poète, avant Aragon, à me provoquer un tel choc... Et un jour, dans une maison d'édition, j'ai fait la rencontre d'un compositeur qui s'appelait Claude-Henri Vic... [...] Claude Henri Vic m'a fait écouter la musique de ce qui allait devenir « Federico Garcia Lorca ». Il l'avait montrée à tout le monde et personne n'avait jamais rien fait dessus. Je l'ai trouvée chouette, et tout de suite j'ai eu envie d'écrire sur Lorca avec cette musique. [...] C'était un sujet qui me tenait à cœur à cause de l'admiration que j'avais pour Lorca.

Mais, des chansons qui figurent sur ce deuxième 45 tours, c'est sans aucun doute « Ma môme » qui est la plus belle réussite.

Nouveau contre-pied pour Ferrat. Alors que les chansons ne parlent que d'insouciance, le chanteur parle d'amours ouvrières. Il le dira d'ailleurs lui-même :

— C'était une réaction contre le conformisme ambiant, le moule, le modèle qu'on veut nous imposer. J'étais hostile à ce genre de mise en condition, et je le suis toujours.

« Ma môme » est une jolie histoire populaire, peut-être un peu populiste, mais qu'importe, c'est une jolie poésie qui se dégage de ces mots simples : *Ma môme/Elle joue pas les starlettes/ Elle met pas de lunettes/De soleil/Elle pose pas/ Pour les magazines/Elle travaille à l'usine/À Créteil.*

Les mots de Pierre Frachet (qui a signé « Regarde-toi Paname » et « L'Éloge du célibat ») parlent d'amour, mais s'ancrent dans une réalité sociale très marquée. Les tourtereaux vivent « dans une banlieue surpeuplée » et passent toutes leurs vacances à Saint-Ouen. Amours banales de deux êtres qui vivent dans la pauvreté, mais qui s'en accommodent puisqu'ils s'aiment.

Et c'est toute la force de la chanson.

En deux petites minutes, Ferrat montre que le sublime peut surgir n'importe où, même dans un meublé qui donne sur un entrepôt. Ma môme fera un joli succès d'estime, et uniquement d'estime malheureusement pour Jean.

Cependant, elle sera reprise par Jean-Luc Godard dans une scène de *Vivre sa vie*. Dans un café, Anna Karina, grands yeux tristes, cigarette à la main, regarde la caméra. Instant d'éternité fixé sur la pellicule du cinéaste de la Nouvelle Vague.

Tout à coup, le son d'un juke-box qui se met en marche. Un accordéon entame sa petite mélodie. Dans le café, un jeune couple assis à une table se regarde sans mot dire, la jeune femme lance de petits sourires ; devant le juke-box, un jeune homme, Jean Ferrat lui-même. La scène est d'une beauté à couper le souffle, totalement portée par la chanson de Ferrat.

Bref, si « Ma môme » n'est pas un hit, elle marque cependant beaucoup les esprits. Ferrat sera cependant affecté par le manque de succès :

— Je me sentais désespéré. Le public avait entendu ma chanson, personne ne l'avait achetée.

À la suite de cette belle collaboration, Jean Ferrat ne travaillera pourtant plus avec Pierre Frachet qui en veut au chanteur de ne jamais préciser qu'il est l'auteur des textes, notamment de « Ma môme ».

Selon Frachet, les deux hommes ne se sont pas disputés. Ils auraient tout simplement cessé de se voir. Pourtant, lorsque l'on connaît la fragilité et la susceptibilité de certains auteurs, on peut imaginer que cette séparation ne s'est pas faite dans la plus grande sérénité...

Sur le plan personnel, la période de sortie de « Ma môme » est riche pour Jean Ferrat. Il épouse Christine et quitte l'appartement de sa sœur, situé dans le vingtième arrondissement de Paris, pour aller s'installer avec son épouse à Ivry, ville communiste de la banlieue sud de Paris.

Nous sommes début 1961. La guerre d'Algérie semble devoir trouver une issue. Le 8 janvier 1961, les Français se prononcent par référendum en faveur de l'autodétermination du peuple algérien. Des négociations secrètes avaient été ouvertes entre le gouvernement français de Michel Debré et le gouvernement provisoire de la République algérienne (GPRA) lié au Front de libération nationale. Cependant, une partie des cadres de l'armée se sent trahie par le gouvernement français en général et Charles de Gaulle en particulier.

Ces hommes estiment avoir payé le prix du sang, un tribut trop lourd, selon eux, pour que la guerre puisse se solder par un échec.

Le 21 avril 1961, les généraux en retraite Raoul Salan, André Zeller, Maurice Challe et Edmond Jouhaud, secondés par les colonels Antoine Argoud, Jean Gardes, ainsi que Joseph Ortiz et Jean-Jacques Susini, prennent le contrôle d'Alger. Maurice Challe prend alors la parole et dénonce la *« trahison et les mensonges »* du gouvernement envers les Algériens qui lui ont fait confiance. Il annonce que *« le commandement réserve ses droits pour étendre son action à la métropole et reconstituer un ordre constitutionnel et républicain gravement compromis par un gouvernement dont l'illégalité éclate aux yeux de la nation ».*

Dans la nuit, le 1er régiment étranger de parachutistes (REP) sous les ordres du commandant Hélie Denoix de Saint-Marc, commandant par intérim du régiment, s'empare en trois heures des points stratégiques d'Alger, notamment du gouvernement général d'Alger, de l'hôtel de ville et de l'aéroport d'Alger. Il est à la tête d'un petit millier d'hommes.

Le lendemain, les trois généraux rebelles, Maurice Challe, Edmond Jouhaud et André Zeller, font arrêter un certain nombre d'autorités civiles et militaires. Quelques régiments se mettent sous les ordres des généraux.

À Paris, la police arrête dans la matinée le général Jacques Faure, six autres officiers et quelques civils. Lors du Conseil des ministres à 17 heures, De Gaulle, avec sa verve habituelle, lance : *« Ce qui est grave dans cette affaire, messieurs, c'est qu'elle n'est pas sérieuse. »* L'état d'urgence est décrété en Algérie.

Deux heures plus tard, Maurice Challe s'exprime à la radio d'Alger et déclare : *« Je suis à Alger avec les généraux Zeller et Jouhaud, et en liaison avec le général Salan pour tenir notre serment, le serment de l'armée de garder l'Algérie pour que nos morts ne soient pas morts pour rien. Un gouvernement d'abandon* [...] *s'apprête aujourd'hui à livrer définitivement l'Algérie à l'organisation extérieure de la rébellion.* [...] *L'armée ne faillira pas à sa mission et les ordres que je vous donnerai n'auront jamais d'autres buts. »*

La France semble dans une impasse totale. Le 23 avril, Charles de Gaulle prend la parole à 20 heures à la télévision.

Il a le visage grave et a revêtu pour la circonstance son uniforme de général. Il veut rappeler à tous, militaires de carrière et appelés, qu'il est, lui aussi, un membre de l'armée, et qui plus est un héros national.

Il prononce alors cette allocution devenue depuis célèbre, et ayant grandement contribué à renforcer l'aura du bonhomme, même auprès de ses ennemis politiques :

> *Un pouvoir insurrectionnel s'est établi en Algérie par un pronunciamiento militaire. Les coupables de l'usurpation ont exploité la passion des cadres de certaines unités spécialisées, l'adhésion enflammée d'une partie de la population de souche européenne qu'égarent les craintes et les mythes, l'impuissance des responsables submergés par la conjuration militaire. Ce pouvoir a une apparence : un quarteron de généraux en retraite. Il a une réalité : un groupe d'officiers, partisans, ambitieux et fanatiques. Ce groupe et ce quarteron possèdent un savoir-faire expéditif et limité. Mais ils ne*

voient et ne comprennent la nation et le monde que déformés à travers leur frénésie. Leur entreprise conduit tout droit à un désastre national. Car l'immense effort de redressement de la France, entamé depuis le fond de l'abîme, le 18 juin 1940 ; mené ensuite jusqu'à ce qu'en dépit de tout la victoire fût remportée, l'Indépendance assurée, la République restaurée ; repris depuis trois ans, afin de refaire l'État, de maintenir l'unité nationale, de reconstituer notre puissance, de rétablir notre rang au dehors, de poursuivre notre œuvre outre-mer à travers une nécessaire décolonisation, tout cela risque d'être rendu vain, à la veille même de la réussite, par l'aventure odieuse et stupide des insurgés en Algérie. Voici l'État bafoué, la nation défiée, notre puissance ébranlée, notre prestige international abaissé, notre place et notre rôle en Afrique compromis. Et par qui ? Hélas ! hélas ! hélas ! par des hommes dont c'était le devoir, l'honneur. La raison d'être de servir et d'obéir. Au nom de la France, j'ordonne que tous les moyens, je dis tous les moyens, soient employés pour barrer partout la route à ces hommes-là, en attendant de les réduire. J'interdis à tout Français et, d'abord, à tout soldat d'exécuter aucun de leurs ordres. L'argument suivant lequel il pourrait être localement nécessaire d'accepter leur commandement, sous prétexte d'obligations opérationnelles ou administratives, ne saurait tromper personne. Les seuls chefs, civils et militaires, qui aient le droit d'assumer les responsabilités sont ceux qui ont été régulièrement nommés pour cela et que, précisément, les insurgés empêchent de le faire. L'avenir des usurpateurs ne doit être que celui que leur destine la rigueur des lois. Devant le malheur qui plane sur la Patrie et la menace qui pèse sur la République, ayant pris l'avis officiel du Conseil constitutionnel, du Premier ministre, du Président du Sénat, du Président de l'Assemblée nationale, j'ai décidé de mettre en œuvre l'article 16 de notre Constitution. À partir d'aujourd'hui, je prendrai, au besoin directement, les mesures qui me paraîtront exigées par les circonstances. Par là même, je m'affirme, pour aujourd'hui et pour demain, en la légitimité française et républicaine que la nation m'a conférée, que je maintiendrai, quoi qu'il arrive jusqu'au terme de mon mandat ou jusqu'à ce que me manquent soit les forces, soit la vie, et dont je prendrai les moyens d'assurer qu'elle demeure après moi. Françaises, Français ! Voyez où risque d'aller la France par rapport à ce qu'elle était en train de redevenir. Françaises, Français ! Aidez-moi !

C'en est fini du putsch. Quelques jours plus tard, les généraux se rendront.

L'Algérie va enfin pouvoir suivre son propre chemin. Jean Ferrat, qui nourrit une sympathie pour le combat du peuple algérien, ne peut qu'être soulagé et heureux.

Un peuple qui prend son destin en main, c'est toujours un moment d'exaltation, de joie, d'espoir.

9

« J'entends, j'entends »

De son côté, pendant cette même année 1961, Christine, désormais l'épouse de Jean, participe à un album collectif intitulé *Paris, rive gauche* et sur lequel elle enregistre trois titres dont « La Marche prénuptiale » du duo Frachet/Ferrat.

Deux autres chansons figurent également : « L'Auréole » et « Le Clown ». L'album, confidentiel, un brin artisanal, passe plutôt inaperçu. Il a été fait sur l'initiative du patron d'un petit cabaret parisien et sans doute est-il trop inégal, trop fouillis, trop mal fagoté et pas assez professionnel pour pouvoir rencontrer un public.

C'est une déception pour Christine qui est une formidable artiste de scène, saluée par ses pairs comme une future vedette de la chanson. Certains n'hésitent pas à la comparer à la môme Piaf. À tel point d'ailleurs, qu'elle est cette même année distinguée du Grand Prix national du music-hall. Le jury qui décerne cette distinction est composé de professionnels, qu'ils soient critiques ou décideurs en radio et télévision. C'est un signe pour le moins encourageant pour Christine.

Elle persévère donc et continue à se produire dans les cabarets qui l'accueillent de plus en plus nombreux.

Il faut dire que Christine Sèvres possède une présence scénique hors du commun. La scène est son royaume, à l'inverse de son tout nouvel époux.

Les critiques sont élogieuses chaque fois qu'elle se produit. Christine, pourtant, ne parviendra pas à percer, à passer l'étape qui mène d'un succès d'estime à un véritable succès populaire. Difficile d'en comprendre la raison.

On peut cependant remarquer que, dans le registre de la chanson rive gauche, une seule femme est vraiment installée, et cela depuis quelques années déjà. Il s'agit de Juliette Gréco, qui fut, est et restera à tout jamais l'égérie de Saint-Germain-des-Prés.

Les talents qui émergent à la fin des années 1950 et au début 1960 (nous parlons de talent ici et excluons donc les artistes de la vague yéyé) sont essentiellement masculins : Guy Béart, Jean Ferrat, d'autres encore, sont des chanteurs « à guitare » qui portent des textes possédant une véritable consistance, une profondeur qui leur confère une aura et donne au public le sentiment qu'il a affaire à de véritables poètes, des gens intelligents et/ou engagés.

Sans doute le public, à cette époque encore, est-il plus prêt à conférer cette image à un homme qu'à une femme.

Christine Sèvres est talentueuse, choisit ses textes avec un œil avisé, possède une conscience politique et le fait savoir.

Elle est donc assez loin de « l'idéal féminin » tel qu'on le conçoit dans cette décennie 1960 qui s'ouvre. Peut-être ne pardonne-t-on tout simplement pas son intelligence à Christine Sèvres.

Jean, pour sa part, au mois de juin 1961, sort un nouveau 45 tours. Le semi-échec du précédent ne l'a pas découragé.

Il persiste donc avec quatre nouvelles chansons : « Paris Gavroche », « Ta chanson », « Ma fille » et « J'entends, j'entends ».

Le premier titre du 45 tours est une belle évocation de Paris et du gamin des barricades du roman de Victor Hugo. Gavroche est une figure emblématique des luttes sociales et de la mort de l'innocence.

Gavroche est un étendard, un porte-drapeau, une figure de gauche, révolutionnaire, et peu importe qu'il s'agisse d'un personnage de fiction, peut-être même est-ce la raison pour laquelle il exalte si fort un sentiment de profonde injustice. Gavroche, magnifique emblème que Ferrat défend avec tendresse et rage.

Dans une adresse aux « bourgeois », Ferrat interpelle les nantis et les rend responsables de la mort du petit garçon des *Misérables.*

C'est leur dédain et leur indifférence qui ont tué Gavroche. Rappelons-nous les mots poignants et sublimes du génial Hugo :

> *Au moment où Gavroche débarrassait de ses cartouches un sergent gisant près d'une borne, une balle frappa le cadavre.*
> *— Fichtre ! fit Gavroche. Voilà qu'on me tue mes morts.*
> *Une deuxième balle fit étinceler le pavé à côté de lui. Une troisième renversa son panier. Gavroche regarda, et vit que cela venait de la banlieue.*
> *Il se dressa tout droit, debout, les cheveux au vent, les mains sur les hanches, l'œil fixé sur les gardes nationaux qui tiraient, et il chanta :*

On est laid à Nanterre,
C'est la faute à Voltaire,
Et bête à Palaiseau,
C'est la faute à Rousseau.

Puis il ramassa son panier, y remit, sans en perdre une seule, les cartouches qui en étaient tombées, et, avançant vers la fusillade, alla dépouiller une autre giberne. Là une quatrième balle le manqua encore. Gavroche chanta :

Je ne suis pas notaire,
C'est la faute à Voltaire,
Je suis petit oiseau,
C'est la faute à Rousseau.

Une cinquième balle ne réussit qu'à tirer de lui un troisième couplet :

Joie est mon caractère,
C'est la faute à Voltaire,
Misère est mon trousseau,
C'est la faute à Rousseau.

Cela continua ainsi quelque temps.

Le spectacle était épouvantable et charmant. Gavroche, fusillé, taquinait la fusillade. Il avait l'air de s'amuser beaucoup. C'était le moineau becquetant les chasseurs. Il répondait à chaque décharge par un couplet. On le visait sans cesse, on le manquait toujours. Les gardes nationaux et les soldats riaient en l'ajustant. Il se couchait, puis se redressait, s'effaçait dans un coin de porte, puis bondissait, disparaissait, reparaissait, se sauvait, revenait, ripostait à la mitraille par des pieds de nez, et cependant pillait les cartouches, vidait les gibernes et remplissait son panier. Les insurgés, haletants d'anxiété, le suivaient des yeux. La barricade tremblait ; lui, il chantait. Ce n'était pas un enfant, ce n'était pas un homme ; c'était un étrange gamin fée. On eût dit le nain invulnérable de la mêlée. Les balles couraient après lui, il était plus leste qu'elles. Il jouait on ne sait quel effrayant jeu de cache-cache avec la mort ; chaque fois que la face camarde du spectre s'approchait, le gamin lui donnait une pichenette.

Une balle pourtant, mieux ajustée ou plus traître que les autres, finit par atteindre l'enfant feu follet. On vit Gavroche chanceler, puis il s'affaissa. Toute la barricade poussa un cri ; mais il y avait de l'Antée dans ce pygmée ; pour le gamin toucher le pavé, c'est comme pour le géant toucher la terre ; Gavroche n'était tombé que pour se redresser ; il resta assis sur son séant, un long filet de sang rayait son visage, il éleva ses deux bras en l'air, regarda du côté d'où était venu le coup, et se mit à chanter :

Je suis tombé par terre,
C'est la faute à Voltaire,
Le nez dans le ruisseau,
C'est la faute à...

Il n'acheva point. Une seconde balle du même tireur l'arrêta court. Cette fois il s'abattit la face contre le pavé, et ne remua plus. Cette petite grande âme venait de s'envoler.

« Épouvantable et charmant », sans doute les mots les plus dépareillés, mais sans aucun doute également les mots qui ont inspiré les paroles de la chanson qu'interprète Ferrat : *Aux Italiens ou à Longchamp/Vous teniez le haut du pavé/Quand vous le croisiez/Sur ses galoches/Le bec au vent, l'œil effronté/Le pantalon effiloché/Sans vous douter que c'était Gavroche/Lui les pavés/Il sait les faire valser/Dans mes faubourgs/Quand le tambour se met à rouler...*

Il y a moins à dire sur les deux chansons suivantes. « Ta chanson » est une chanson d'amour où Jean peut tout à son aise déployer sa voix chaleureuse et profonde.

Mais les paroles, quoique joliment écrites, ne sont pas inoubliables : *Non je ne veux pas croire/Que dans d'autres mémoires/Il ne resterait rien/Rien de notre bel âge/Ni des mille visages/De notre amour sans fin/Si j'allais disparaître/Qui sait demain peut-être/À moitié du chemin/Sans faire ta chanson.*

Quant à « Ma fille », la chanson passera totalement inaperçue, et c'est plutôt tant mieux. Elle n'est pas de très belle facture et aurait pu valoir quelques ennuis à Jean Ferrat du côté des militants et des militantes féministes. « Ma fille » n'est pourtant pas une chanson fondamentalement machiste, peut-être même est-ce tout le contraire. En effet, dès les premiers vers, on est saisi par le rôle que joue Ferrat : *Ça fait longtemps que je te surveille/Tu deviens belle tu te poses un peu là/Quand le fils du boucher te fait du plat/T'as sûrement pas froid aux oreilles/Tu cours même après les garçons/Avec tes petits yeux qui pétillent.* Il s'agit ici d'un père qui accepte mal de voir sa fille grandir, de la voir devenir femme.

À tel point que, ne supportant pas de l'imaginer prendre son envol, le père la menace de la « foutre en maison ». Il est fort probable que Ferrat, en réalité, se moque ici d'un certain réflexe des pères qui ne peuvent concevoir que leur fille ait une vie amoureuse, une sorte de jalousie que l'on rencontre partout.

Aussi, sans aller jusqu'à dire que « Ma fille » est une chanson féministe « en creux », l'on peut tout de même penser qu'elle n'a rien de machiste, qu'elle chercherait même plutôt à tourner en ridicule ce travers masculin.

On sait cependant qu'un texte peut être mal compris et valoir l'opprobre à leur interprète sur un simple malentendu. Ce qui aurait pu arriver à Ferrat sur ce morceau. Heureusement pour lui, il est passé entre les gouttes.

Mais, s'il est une chanson à retenir dans ce nouveau disque, c'est sans doute « J'entends, j'entends ».

Il s'agit de la mise en musique d'un poème de Louis Aragon qui vaudra d'ailleurs à Jean sa première rencontre avec l'immense poète.

C'est un Ferrat intimidé qui va rendre visite à l'auteur des « Yeux d'Elsa » pour lui demander la permission de mettre en musique ce superbe texte. Aragon voit arriver le chanteur avec plaisir, et son accueil est sympathique, voire chaleureux.

Mais le chanteur se sent tout petit devant ce monstre littéraire. Il faut dire que le poète en impose.

Sa stature, son aspect aristocratique et son langage châtié, précis impressionnent énormément Ferrat. Il dira des années plus tard :

— On pourrait penser que j'étais à tu et à toi avec Aragon, mais je le vouvoyais. Lui me disait tu.

Le texte de « J'entends, j'entends » parle d'incommunicabilité, de l'inutilité d'être poète, de résignation. Aragon regarde l'humanité qui l'entoure, et la voit affairée dans un quotidien banal, supportant la vie en attendant la mort : *J'en ai tant vu qui s'en allèrent/Ils ne demandaient que du feu/Ils se contentaient de si peu/Ils avaient si peu de colère/J'entends leurs pas j'entends leurs voix/Qui disent des choses banales/Comme on en lit sur le journal/Comme on en dit le soir chez soi.*

Puis il met en scène le poète, qui partage le même enfer (*Votre enfer est pourtant le mien*), mais que les autres n'écoutent pas, le jugeant vain et inutile : *J'aurais tant voulu vous aider/Vous qui semblez autres moi-même/Mais les mots qu'au vent noir je sème/Qui sait si vous les entendez/Tout se perd et rien ne vous touche/Ni mes paroles ni mes mains/Et vous passez votre chemin/Sans savoir que ce que dit ma bouche.*

Le texte est poignant, magnifique. La frustration du poète ou de l'intellectuel devant ses semblables dont il aimerait éveiller les consciences, mais qui n'a que les mots pour le faire. Il y a quelque chose de triste et pathétique dans ce poème. Il rappelle ce que peut vivre un personnage comme Jean-Paul Sartre qui a souffert violemment de cette « coupure » avec le peuple qu'il veut pourtant à tout prix aider. Rappelons-nous Jean-Paul Sartre en juin 1970, grimpant, seul, dans un panier à salade pour avoir vendu *La Cause du Peuple* dans la rue, ou cette petite note qui lui est passée alors qu'il s'apprête à parler devant un parterre d'étudiants en grève durant ce même moi de mai : *« Sois bref. »* Un fossé sépare les intellectuels et le peuple, une impossibilité de communiquer qui les blesse. Et c'est bien de cette blessure que rend si brillamment compte « J'entends, j'entends ».

« J'entends, j'entends » ouvre sans aucun doute la voie à un nouveau style Ferrat, plus conforme aux aspirations de l'artiste, un style qu'il va continuer à développer tout au long de sa carrière.

Ferrat parvient à se faire remarquer avec ce nouveau disque. Denise Glaser, qui l'a déjà repéré, l'invite dans son émission de télévision *Discorama*, passage incontournable pour un jeune talent. Il chante « Ma môme », filmé, déambulant sur la Promenade des Anglais à Nice. Le public découvre ce jeune homme grand, mince, main dans les poches, finalement assez à l'aise contrairement à ce que l'on sait de lui sur scène.

D'autres émissions de télévision suivront. Pour la bonne et simple raison que Jean va enfin sortir son premier album...

10

Le malentendu

Ce 25 cm, comme on disait à l'époque, sort vers la fin de l'année 1961 et est extrêmement bien reçu par le milieu de l'industrie musicale. En effet, il obtient le Grand Prix national du disque.

L'album comporte les chansons déjà parues sur les 45 tours, et deux morceaux supplémentaires : « Napoléon IV » et « Deux Enfants au soleil ».

La première chanson, malgré son aspect comique – un pauvre hère prénommé Napoléon, totalement désargenté, a peur de voir sa Joséphine le quitter –, revêt tout de même un caractère social : *J'travaillais chez Pitt & Cobourg/Des gars qui n'font jamais d'cadeaux/Et ne vous laissent sur les os/Que d'quoi faire la peau d'un tambour/Au blocus de mon estomac/Ils s'amusèrent pendant des mois/Pour me vider comme dans l'histoire/ De leur usine de Trafalgar.* « Napoléon IV » n'est certes pas un chef-d'œuvre, mais la pièce se laisse volontiers écouter, son rythme entraînant se mariant tout à fait à la vibration de Jean Ferrat.

C'est en fait le deuxième inédit de l'album qui va créer la surprise. « Deux Enfants au soleil » a été initialement écrit pour Isabelle Aubret.

C'est une terrible bluette qui parle de plage et d'amours adolescentes, typiquement les thèmes qu'affectionnent les yéyés. Au départ, Jean ne veut pas enregistrer ce morceau.

Mais il manque un titre sur l'album pour atteindre la durée conventionnelle d'un 25 cm.

Le compère de Jean, Gérard Meys, lui propose alors d'interpréter ces « Deux Enfants au soleil » dont Ferrat a signé la musique.

C'est un slow un peu guimauve, et Jean ne s'imagine pas un instant interpréter une telle chanson. Ce n'est pas l'image qu'il veut donner de lui-même. Il dira :

— Ce texte me paraissait trop commercial. Cela me semblait de la soupe.

Mais on n'a rien d'autre sous la main ; alors, il faut bien se résigner. « Deux Enfants au soleil » figurera sur le premier album de Jean Ferrat, et c'est tant mieux...

En effet, les paroles un peu ridicules, enchaînant cliché sur cliché : *La mer sans arrêt/Roulait ses galets/Les cheveux défaits/Ils se regardaient/Dans l'odeur des pins/Du sable et du thym/Qui baignait la plage/Ils se regardaient/Tous deux sans parler*, etc. (*Ad nauseam*, pourrait-on dire.)

Faisant son petit bonhomme de chemin, la chanson va tourner jusqu'à l'été et devenir le tube de la période estivale de l'année 1962.

Jean Ferrat est propulsé sur le devant de la scène grâce à une chanson qu'il ne voulait pas chanter et qu'il n'aimait pas...

Le destin a parfois de ces ironies...

Depuis l'hiver, Jean se produit à l'Alhambra, en première partie de Zizi Jeanmaire.

C'est sa première expérience en music-hall et cela lui donne l'occasion de se montrer à un public plus vaste. En effet, il tient (pas tout seul) la première partie pendant six longs mois.

C'est donc la première fois que Jean affronte une grande scène. Il va apprendre beaucoup durant ces six mois, bénéficiant de nombreux conseils, notamment de ceux de Jane Breteau qui dirige le lieu. Jean raconte :

— Elle parlait avec l'accent parigot et te balançait : « Mon pote, tu marches comme un con ! » [...] « Il faut faire court, il faut couper et couper ! Il faut que ça enchaîne ! » C'est le secret, et elle le savait.

Aussi, Jean a été vu, applaudi, jugé par de nombreux critiques et professionnels, et commence à se faire connaître.

Il fait paraître en parallèle un nouveau 45 tours comportant deux chansons assez inégales : « Eh l'amour ! » est un morceau plutôt sympathique et amusant, où le chanteur interpelle l'amour et lui demande de reprendre sa place originelle : *Eh l'amour tes gigolos ont su trouver l'filon/Qu'ils fassent la rue ou qu'ils fassent des chansons/ Depuis l'temps qu'ils s'occupent de croquer tes millions/Eh l'amour t'as mauvaise mine tu sais dans tes romans/Et dans ces films où tu parais tout l'temps.*

L'autre chanson, intitulée « La Cervelle », est plus problématique, voire carrément discutable. Si l'on peut interpréter les paroles de « Ma fille » comme une sorte de moquerie à l'usage des pères, il en va tout autrement de « La Cervelle » : *Les yeux des filles à quoi ça sert ?/Ça sert à foutre le feu partout/À vous mettre la tête à l'envers/À rendre malade ou à rendre fou.* [...] *Mais la cervelle, mais la cervelle, mais la cervelle/Ça te sert à rien/Mais la cervelle, mais la cervelle/Toi t'en as pas, je m'en porte bien.*

Contenu difficilement défendable, faute de goût du chanteur, faux pas, pourrait-on dire.

Mais on sait que Jean n'est pas le seul à avoir fait ce genre d'erreur.

Rappelons-nous les paroles d'« Une jolie fleur » (dans une peau de vache) de Georges Brassens : *Elle n'avait pas, oh non elle n'avait pas/l'esprit beaucoup plus grand qu'un dé à coudre/Mais pour l'amour on ne demande pas/Aux filles d'avoir inventé la poudre...*

Et Brassens n'est pas isolé non plus. Le présent livre ne suffirait pas à contenir toutes ces chansons sexistes interprétées par des artistes estimables...

Ainsi, lorsqu'arrive le succès de « Deux Enfants au soleil », ce n'est pas un inconnu venu de nulle part qui est porté aux nues. Jean Ferrat a bataillé ferme pour en arriver là. Des années de cabaret, d'espoirs déçus, et, enfin, la réussite.

Rançon de cette réussite, ou plutôt récompense, Jean participe à la tournée d'été organisée par Jacques Canetti (le même, au passage, qui avait refusé de lui offrir un contrat chez Philips quelques années auparavant). Jean Ferrat explose réellement.

Si, de son côté, Christine Sèvres continue à se produire dans les cabarets et à recueillir un réel succès d'estime, elle ne parvient pas à percer.

La chose va devenir de plus en plus compliquée pour elle.

Son bonhomme de mari devenu vedette va lui faire de l'ombre. Elle s'acharne pourtant. Mais c'est malheureusement souvent le cas des femmes des hommes célèbres que de se voir effacer, quand bien même elles ne le veulent pas.

Et on n'imagine pas un instant Christine Sèvres se résigner à devenir madame Ferrat.

C'est pourtant ce qui lui arrivera, malgré toute sa fougue et tout son talent. *« Les pères ont des projets, les fils ont des destins »*, disait Sartre. Les femmes, elles, semblent n'être là que pour les soutenir...

11

La respiration

Jean Ferrat décolle enfin, au détriment de son épouse, peut-être, mais ce n'est pas lui qui fixe les lois d'une société dominée par le masculin. Sa notoriété nouvelle lui permet d'être invité à la grand-messe de septembre du Parti communiste, la fameuse « fête de l'Huma ».

À cette époque encore, le parti possède un poids significatif dans le paysage politique français. Ses errements vis-à-vis de l'Union soviétique lui sont certes reprochés par certains intellectuels qui n'ont pas manqué de prendre leurs distances avec l'organisation, mais le PC reste une véritable force de contestation populaire.

La masse des ouvriers qui travaillent à la réussite économique de la France – rappelons qu'en ce début des années 1960 le pays est entré dans une ère de prospérité inédite jusqu'alors – souffre des conditions de vie qui lui sont imposées dans les grandes industries, notamment automobile, fleuron de l'économie hexagonale.

Quelques années avant 1968, la classe ouvrière voit le monde se moderniser, aspire à plus de confort matériel et intellectuel, mais se trouve confrontée à un patronat qui semble n'avoir guère évolué depuis les débuts de l'industrialisation. On ne peut nier que les conditions de travail se sont quelque peu améliorées depuis lors (il serait malhonnête d'affirmer le contraire), mais les mentalités des dirigeants de ces grandes sociétés industrielles n'ont quant à elles pas tellement bougé.

Si l'on tente un parallèle audacieux (et qui n'engage que l'auteur de ces lignes), on pourrait dire que, si la Première Guerre mondiale a été la première guerre moderne, menée, pensée et dirigée par des hommes du dix-neuvième siècle (notamment dans leur rapport aux troupes, vu comme un bétail que l'on pouvait sacrifier pour des raisons stratégiques), la France d'après-guerre, son entrée dans la modernité et son essor économique sans précédent sont pris en charge par des dirigeants encore façonnés par le rapport de classes issu de l'industrialisation du siècle précédent.

Cependant, la société française dans son ensemble a muté, est devenue une société dite de consommation de masse ; aussi, la classe ouvrière ne veut pas être exclue de cet accès aux biens et aux services.

Le confort matériel, des conditions de travail moins dures, tout ceci semble à portée de main, mais il faut les gagner, les arracher à un patronat peu enclin à rogner sur ses bénéfices.

Le Parti communiste se présente alors, pour tout un pan de la société, comme l'un des seuls contre-pouvoirs susceptibles de peser pour faire évoluer les conditions de vie de ce que Jean-Pierre Raffarin appellera plus tard, très élégamment, « la France d'en bas ».

Jean Ferrat possède cette conscience de classe, apprise très tôt au contact de la CGT alors qu'il était apprenti, et sans aucun doute pressentie bien des années plus tôt dans son contexte familial.

L'homme est donc heureux de participer à la grande kermesse de la Courneuve, se produisant sur la scène centrale, devant un public extrêmement nombreux.

C'est la première fois qu'il se trouve devant une telle assemblée. Il a le trac, sans doute, un peu, mais lorsqu'il entre sur scène, tout s'évanouit.

Il dira plus tard :

— Vous savez, il m'est arrivé à plusieurs reprises de chanter devant près de 10 000 personnes. Et au-dessus, on ne voit pas la différence. D'ailleurs, je chante le soir et sur la scène, la nuit, vous avez l'impression d'être seul, surtout si de forts projecteurs vous éclairent.

Jean interprète les chansons de son premier album, devant s'acquitter, bien entendu, de la corvée de chanter « Deux Enfants au soleil » qui l'a propulsé sur le devant de la scène, mais il essaie également de nouveaux titres comme « La Fête aux copains » et « Le P'tit Jardin » qui figureront sur son prochain album.

Réception plutôt bonne du public, même si l'on sent déjà que ce deuxième 25 cm n'aura pas la puissance du premier.

En effet, Jean n'a signé aucun des textes présents sur le disque. L'album est une sorte de respiration, même s'il reste d'une bonne tenue globalement.

Mais aucune des chansons ne fera un réel succès. Il faut dire que la plupart des thèmes abordés dans le 25 cm sont un peu conventionnels, ou ont déjà eu leur chanson, souvent meilleure.

Prenons par exemple « Les Noctambules », qui brocarde une jeunesse dorée, sourde au bruit du monde : *Les yeux bouffés par la fumée/Les joues bouffies par le whisky/Ils s'emmerdent avec élégance/De Paris à Saint-Paul-de-Vence/Les Noctambules/Dans tous les endroits à la mode/On en trouvera toujours en solde/Des Noctambules.* On ne peut s'empêcher de penser au beau texte de

Jacques Brel, « Les Paumés du petit matin », plus drôle, plus cruel.

« Le P'tit Jardin » fonctionne plutôt bien et a de jolis accents mélancoliques : *Il perd un jardin par semaine/Mon p'tit coin là-bas près d'la Seine/Il perd chaque mois une friture/Il y gagne quoi la blessure/D'une maison de vingt étages/Où l'on mettra les hommes en cage.* Avec le recul, on ne peut s'empêcher de trouver bien plus belle, bien plus poétique la chanson qu'interprétera Jacques Dutronc quelques années plus tard, et qui porte pratiquement le même titre (« Le Petit Jardin »).

Quant aux « Petits Bistrots », c'est un texte vaguement démago, dénué d'humour qui rend hommage à la figure très parisienne des débits de boisson. *Les petits bistrots/Au pinard fleuri/Nappes à carreaux/Et bifteck garni/Les petits bistrots/Où l'on vient goûter/Devant le perco/Le premier café.*

On préférera, sans l'ombre d'une hésitation, sur ce même thème, les chansons de Georges Brassens (« Le Bistrot » : *Dans un coin pourri du pauvre Paris/Sur une place/L'est un vieux bistrot/Tenu par un gros/Dégueulasse*) ou encore « Le Tord-Boyaux » de Pierre Perret.

De même, « Les Nomades » est une jolie chanson rendant hommage aux gitans, mais n'est cependant pas un chef-d'œuvre : *Ils ont habité la roulotte/Les quatre planches qui cahotent/ De Saint-Ouen aux Saintes-Maries/Mais ils s'en vont encore d'ici/Les Nomades/Ni la couronne d'oranger/Ni la cheminée de faux marbre/Ne leur mettent racine au pied/Ils ne sont pas comme les arbres/Les Nomades.*

Quand on connaît l'amour de Jean Ferrat pour Lorca, on s'étonne presque qu'il n'ait pas écrit lui-même sur ce thème.

Sans doute serait-il parvenu à donner plus de grandeur à la figure de ce peuple qui, rappelons-le, incarnait pour Federico Garcia Lorca l'image même de la liberté.

Des chansons aussi différentes que « Mon pot' le gitan » qu'interprète Yves Montand ou « Les Gitans » chanté par les Compagnons de la chanson : *Et dans la nuit monte un refrain bizarre/ Et dans la nuit bat le cœur des guitares/C'est le chant des errants qui n'ont pas de frontière/C'est l'ardente prière de la nuit des gitans...*

Pour finir, on peut également déplorer la chanson qui donne pourtant son titre à l'album : « La Fête aux copains ».

Il y a quelque chose, encore une fois, d'un peu démagogique dans cette chanson qui exalte le 14 juillet et les flonflons. Si l'on accepte facilement d'un Michel Sardou de verser dans ce type de chanson (« Les Bals populaires »), parce que, finalement, on n'attend pas tellement plus de lui, on est déçu par ces paroles un peu sottes : *C'est la fête à Meudon/C'est la fête aux lampions/C'est la fête aux étoiles/C'est la fête en plein air/Il y a d'la joie dans l'air/Et du vent dans les voiles.*

Peut-être peut-on, tout de même, sauver « L'Homme à l'oreille coupée », bel hommage à Vincent Van Gogh et Toulouse-Lautrec, mais au-delà, aux artistes incompris, rongés par leur art : *Ce qui poussait toujours Vincent/À peindre ces incandescents/Soleils jaunes et tournoyants/Tout ce qui a fait de Lautrec/Cet oiseau noir claquant du bec/Aux carreaux des bistrots du Tertre/Et ce qui en poussa bien d'autres/Gueules d'archange, gueules d'apôtre/À se fuir dans tous les miroirs/C'était le même désespoir.*

La critique peut sembler sévère. Encore une fois, il s'agit d'une respiration dans le travail de Jean Ferrat qui cherche et se cherche encore malgré le succès. C'est également le dernier disque que Ferrat enregistrera sous la marque Decca.

Cette réussite le fait d'ailleurs apparaître dans les journaux people de l'époque, en compagnie de son épouse Christine.

L'accès au statut de vedette a ses servitudes. Le couple se plie donc aux interviews idiotes et aux photos « formatées » du bonheur à deux. Christine, dont on connaît la forte personnalité et la conscience politique, ne voit certainement pas d'un très bon œil cet étalage de leur intimité vendue comme une quelconque marchandise. Mais l'époque veut ça.

Les amours de Johnny et Sylvie s'affichent sur les unes de nombreux magazines contribuant autant que leur musique à leur notoriété.

Petite concession faite donc à la société de l'image, mais c'est pour la bonne cause.

Et puis, au fond, les deux époux ne donnent pas grand-chose de leur réelle intimité, tout juste se contentent-ils d'égrener leurs plats favoris et les prétendus défauts qu'ils se trouvent. Ils donnent ce qu'on leur demande, mais jamais plus. Ils ne tiennent pas à devenir un phénomène de foire.

Et, finalement, leur vie n'a rien que de très banal et est relativement peu susceptible de déchaîner les passions. Tant mieux. D'autres choses se préparent, bien moins superficielles...

12

La carpe et le lapin

Le deuxième album de Jean Ferrat est donc le dernier disque qu'il fera avec la firme Decca. Ferrat quitte la compagnie, mais garde le même producteur, Gérard Meys, qui a réussi sans grande difficulté à rompre le contrat signé avec Filipacchi.

Il faut dire que ce dernier, de son propre aveu, ne comprenait rien au talent de Ferrat.

Jean et son producteur se tournent vers une maison dynamique, dirigée par un personnage haut en couleur.

Il s'agit de la firme Barclay, dirigée avec brio par Eddie Barclay, ancien pianiste de jazz, grand admirateur de l'Amérique et découvreur de talents certain.

En quelque trois années, l'homme au costume blanc a mis sous contrat trois des plus grands interprètes historiques de la chanson française : Brel, Ferré et Aznavour. Joli tableau de chasse... Jean rejoint donc d'autant plus volontiers les éditions Barclay qu'il a beaucoup d'estime pour les trois chanteurs cités plus haut.

Et puis les conditions offertes par Barclay sont tout bonnement idéales. Gérard et Jean auront un seul et unique interlocuteur au sein de la maison, ne craignent aucun risque de censure.

En effet, chez Barclay, la liberté de création est totale à cette époque, et la maison se porte suffisamment bien pour que les meilleures conditions soient réunies et permettent aux artistes de travailler sans problème matériel.

C'est un peu le rêve de tout chanteur. Un rêve qui n'aura d'ailleurs qu'un temps. La concurrence dans l'industrie du disque phagocytera peu à peu l'indépendance des artistes.

L'alliance Barclay/Ferrat peut sembler contre nature de prime abord. Eddie Barclay est riche, dépense des sommes folles pour organiser des fêtes à Paris ou à Saint-Tropez. C'est qui plus est un véritable businessman. Pourtant, les deux hommes vont s'apprécier malgré leurs différences. Barclay écrira dans ses mémoires à propos de Jean Ferrat : *« C'est un artiste, un grand, capable de tout chanter, la politique, l'amour, les femmes, la vie. Il n'y a guère que cela pour m'intéresser :*

les capacités de l'artiste. Oui, avec un grand A, parfaitement. Du reste, Ferrat et moi nous ne parlons jamais de politique. Je ne lui demande pas pourquoi il a l'idée saugrenue d'être communiste, il ne m'interroge pas sur mes goûts excentriques. » Ferrat, de son côté, aura ces mots pour Barclay :

— On pouvait ne pas être d'accord avec lui, mais il s'intéressait aux gens en qualité d'êtres humains. […] C'était un mécène et un esthète, même s'il était businessman.

Parallèlement, Christine Sèvres continue son chemin. Malgré le succès d'estime grandissant dont elle bénéficie, elle ne parvient toujours pas à percer. Elle enregistre cependant un très beau 45 tours comprenant quatre titres : « Point de vue », « La Romance », « Quatre Cents Enfants noirs » et « Le Clown ». C'est un disque en tous points remarquable.

Les textes sont énervés, engagés, et Christine met toute son émotion dans l'interprétation de ces très beaux morceaux. « Point de vue » joue sur la façon dont on regarde la réalité, d'où on se place, au-dessus ou en dessous.

Regarder la scène depuis un bateau-mouche ou depuis le dessous des ponts n'est pas la même chose. Et puis ces mots qui ressemblent à un cri : *Y a des murs où, au matin blême/On met en rang les entêtés/Y a des murs où, au matin blême/On assassine la Liberté/Faudrait voir à pas mélanger/Les torchons avec les serviettes/ Les martyrs et les médaillés/Les généraux et les poètes*. Superbe chanson en vérité, les autres sont à l'avenant.

Mais à peine Christine a-t-elle sorti son 45 tours que c'est au tour de son bonhomme de revenir sur la scène avec, lui aussi, un nouveau disque petit format. Quatre chansons dont « Les Enfants terribles » et « Quatre Cents Enfants noirs », déjà présent sur le disque de Christine. Très belle chanson au demeurant : *Quatre cents enfants noirs/ Sans manger et sans boire/Avec leurs grands yeux tristes/Ces quatre cents prières/Dans un hebdomadaire/Rappellent qu'ils existent* [...] *Toi, tu dors malgré tout/De ton sommeil heureux/Tu dors et tout à coup/Je suis seul avec eux...* Un texte sur la mauvaise conscience et l'impuissance de chacun d'entre nous.

Ces images de misère contre lesquelles on ne peut rien, mais qui, de temps à autre, nous tiennent éveillés.

Nous ne passerons pas sous silence deux autres chansons parues sur le 45 tours, même s'il est difficile de comprendre pourquoi elles figurent là. Il s'agit de « Horizontalement » et de « Sainte Canaille ».

Encore une fois, des chansons qui auraient pu révolter, à juste titre, la gent féminine et tous ceux pour qui la question féministe a un sens quelconque : *Petite sainte nitouche/Tu viens sur ma bouche/Chercher ton plaisir/Mais tu t'effarouches/Quand ma main te touche/Pour te retenir/Tu joues et tu ruses/Ce que tu t'amuses/De mon désarroi/Et puis soudain grise/Te voilà soumise/Au creux de mes bras...*

Quant à « Horizontalement », elle est presque pire : *Verticalement/Tu n'es pas une affaire/Je sais bien/Mais horizontalement/C'est toi que je préfère/Et de loin...* On a du mal à commenter tellement on s'enfonce dans le plus pur des machismes. Mais la chanson ne s'arrête malheureusement pas là. D'autres vers enfoncent le clou : *Belle comme le jour futée comme un balai* ou encore : *Alors j'oublie ce qui m'obsède chez toi/Qui n'as pas inventé l'eau tiède crois-moi...*

On aurait envie de jeter le 45 tours aux orties... Mais il y a ces enfants noirs... Et surtout, surtout, quelques semaines après sort un album qui va bouleverser des milliers d'auditeurs, qui va donner une dimension énorme à Jean Ferrat et faire oublier ses écarts, un 25 cm qui contient le magnifique, terrible et très personnel « Nuit et Brouillard ».

— J'ai mis des années à l'écrire, dira Ferrat. Je veux dire que j'en avais l'idée depuis longtemps et qu'il m'a fallu des années avant que j'arrive à le faire. Mais à partir de là, les gens ont eu non seulement une connaissance plus juste de moi, mais aussi comme un sentiment de reconnaissance à mon égard. Et ça, c'est une chose que j'ai toujours sentie depuis, à travers ce que j'ai fait, et qui est tout à fait fondamentale.

Il faut dire que cette chanson croise le drame personnel de Jean. La déportation du père, la fuite pendant la guerre, des plaies vives, encore ouvertes. Pourquoi ce subit besoin, près de 20 ans après la guerre, de témoigner des horreurs de la déportation ? La question est sans doute mal posée. Comment se fait-il que, depuis la Libération, aucun chanteur, aucun cinéaste ne se soit penché sur la Deuxième Guerre mondiale, sur l'extermination des Juifs, des Tziganes, des résistants ? La honte est-elle un facteur ? Que recouvre cette volonté d'oubli ? Que signifie-t-elle ? La France sent-elle au fond d'elle-même de la culpabilité ? Peut-être.

En 1963 sort un passionnant documentaire-fleuve intitulé *Hitler, connais pas*, du cinéaste Bertrand Blier. Durant 2 heures 55 minutes, 11 jeunes gens d'une vingtaine d'années, qui n'ont donc pas connu la guerre, se racontent, parlent de leur vie, de leurs aspirations, de leurs espoirs.

Ce film est un véritable déclencheur. On s'aperçoit soudain que cette génération qui entre dans la vie active, qui sera à terme appelée à faire marcher le pays n'a pas connu la guerre et n'a qu'une très vague connaissance des événements qui y sont liés.

L'urgence de témoigner se révèle alors. Ces jeunes doivent savoir, ne peuvent pas vivre sans la conscience des génocides, sans une idée claire de la façon dont la France s'est comportée durant la guerre. C'est ce constat, entre autres, qui poussera Max Ophuls à tourner quelques années plus tard son chef-d'œuvre documentaire, *Le Chagrin et la Pitié*. Jean, pour sa part, raconte que le déclic s'est fait sur une plage bretonne :

— Un jour, j'étais en vacances sur une plage perdue de Bretagne, j'ai entendu une petite fille demander à sa mère en désignant les blockhaus encore dressés là : « Qu'est-ce que c'est ? » La mère a fait une vague réponse et j'ai pensé qu'il y avait des tas de gens qui avaient oublié ou ignoraient ce qu'avait été la guerre.

On a du mal à imaginer les sentiments mêlés qui s'emparent alors de Jean Ferrat. Du désarroi, de l'inquiétude, peut-être une forme de colère.

Lui qui a été touché dans sa chair par l'Histoire ne peut accepter que l'horreur de cette période puisse être oubliée, enterrée, traitée comme un événement secondaire, comme un passé lointain.

Ce que l'Europe a subi durant les six années de guerre, l'extermination des Juifs, les camps de la mort, tout cela va-t-il rester enfermé dans la poussière des livres d'histoire comme s'il s'agissait de la guerre de Cent Ans ? Jean trouve dans ce moment un révélateur et une impulsion. Il écrit « Nuit et Brouillard » en une seule journée...

Le titre de la chanson est emprunté au film qu'Alain Resnais a tourné en 1955, montrant des images d'archives et révélant au monde abasourdi l'horreur des camps de concentration.

Le film, sorti en 1956, est devenu un classique traditionnellement montré aujourd'hui aux classes de troisième.

Des critiques ont pu être faites à ce film qui distingue mal « camps de concentration » et « camps d'extermination ». D'ailleurs, le nom du film fait référence aux déportés frappés par le statut *Nacht und Nebel* qui visait les résistants, contestataires et fauteurs de troubles dans les pays occupés. Le statut Nuit et Brouillard n'est en rien « racial ». Le film de Resnais est à cet égard conforme à la vision de la déportation – essentiellement politique et résistante – qu'on a dans les années 1950-1960. Ainsi, le mot « juif » n'est prononcé qu'une seule fois dans tout le commentaire : dans une liste de victimes de l'extermination, « Stern, étudiant juif d'Amsterdam, » est évoqué ; mais les autres victimes, dans cette liste, comme cette « Annette, lycéenne de Bordeaux », ne se voient pas reconnaître leur statut de Juif.

Le désir antiraciste de l'auteur est de fondre les victimes dans un grand ensemble, sans insister sur la spécificité de la Shoah. Peut-être ne pouvait-on faire plus ou mieux que cela au moment où le film est tourné. D'autant plus qu'il n'est pas une initiative d'Alain Resnais lui-même, mais qu'il a été commandé au réalisateur par le Comité d'histoire de la Seconde Guerre mondiale, un organisme gouvernemental dont la fonction était de rassembler de la documentation et de poursuivre des recherches historiques sur la période de l'occupation de la France en 1940-1945.

Le positionnement de Jean Ferrat est, curieusement, le même que celui de Resnais. Pourtant, c'est bien de la volonté « racialiste » d'extermination des Juifs qu'a été victime Mnacha Tenenbaum, le père de Jean. Ferrat rend hommage à tous les déportés sans exception, ne marquant pas de différence entre les « raciaux » et les autres. On peut imaginer que Jean Ferrat, malgré sa blessure, veut porter le message au-delà de sa simple histoire, qu'il souhaite englober et concerner tout le monde, montrer que l'horreur nazie n'a pas touché qu'un groupe, mais qu'elle était un crachat universel sur le visage de l'humanité. Avertir le public tout entier et lui dire qu'il doit rester vigilant, que personne n'est à l'abri, quelles que soient ses idées ou sa religion : *Ils s'appelaient Jean-Pierre, Natacha ou Samuel/Certains priaient*

Jésus, Jéhovah ou Vichnou/D'autres ne priaient pas mais qu'importe le ciel/Ils voulaient simplement ne plus vivre à genoux.

Ici plane l'ombre de Louis Aragon et son poème « La Rose et le Réséda » : *Celui qui croyait au ciel, celui qui n'y croyait pas...*

Les paroles de la chanson sont proprement sublimes, retenues, fortes, chaque mot semble avoir été pesé avec la plus grande attention. *La fuite monotone et sans hâte du temps/Survivre encore un jour, une heure, obstinément/Combien de tours de roues, d'arrêts et de départs/Qui n'en finissent pas de distiller l'espoir.*

Comment dire mieux l'espoir comme une glu qui colle à la peau de ces gens que l'on envoie à la mort, qui le savent, mais qui ne peuvent s'empêcher d'espérer. L'espoir est un fléau pour qui va irrémédiablement à la mort.

Puis, le passage à l'impersonnel : *On me dit à présent que ces mots n'ont plus cours/Qu'il vaut mieux ne chanter que des chansons d'amour.* Ce « on » qui fait reposer l'oubli sur le collectif, comme une force d'inertie, ce « on », c'est à la fois personne et tout le monde.

Un collectif qui tranche avec la fin de la chanson, où Ferrat s'adresse aux victimes, aux déportés : *Vous étiez vingt et cent...* Après avoir rendu impersonnel l'oubli, il personnalise les déportés.

En s'adressant directement à eux, il les fait exister, leur donne une individualité.

La chanson est un immense succès. Malgré la dureté du thème, malgré l'entreprise de décervelage entamée avec les horribles yéyés, Ferrat est parvenu à faire entendre une voix différente.

Il dira :

— Elle a touché leur fibre sensible. Je ne parle même pas de ceux qui avaient été victimes de la guerre et de la déportation, ceux-là évidemment, mais de tous les gens qui avaient gardé, disons, l'esprit de la Résistance, de l'union. Cette chanson qui disait qu'il ne faut pas oublier les choses, mais essayer de les maintenir dans l'esprit des jeunes les a vraiment touchés, je crois.

Pourtant, cette chanson que l'on pourrait qualifier d'entreprise de salut public va subir le poids de la censure.

Lancée sur les ondes de la station périphérique Europe 1, « Nuit et Brouillard » va avoir un impact considérable dès sa première diffusion.

Nous sommes en 1964 ; le rapprochement franco-allemand devient une réalité. Le général de Gaulle a établi de bonnes relations avec le chancelier Konrad Adenauer, et l'on craint que cette chanson ne cause des incidents.

Un vers notamment pose problème : *Les Allemands guettaient du haut des miradors.*

En ne parlant pas des nazis, Jean Ferrat semble loger tous les Allemands à la même enseigne. Aussi, « Nuit et Brouillard » va être « déconseillé » par le directeur de la RTF, Robert Bordaz. Déconseillé ne signifie pas censuré, mais on peine à voir la différence.

En effet, la chanson n'est pas interdite à proprement parler, mais on demande aux médias de ne pas la diffuser... Jean Ferrat se souvient :

— En fait, elle n'était pas interdite, mais « déconseillée ». C'est-à-dire qu'en principe on ne la diffusait pas. Bien sûr, c'était une consigne orale, on n'a jamais vu une note de service, mais on a su qu'elle avait été déconseillée par l'autorité, dans l'ombre. Je l'ai quand même chantée dans une émission TV qui s'appelait *Télé-Dimanche*, et surtout dans une émission d'Europe qui a eu un écho extraordinaire. Pourtant, Cogoni disait : « On ne peut pas parler de ça en chanson ! », mais il avait quand même fait l'émission. Les auditeurs appelaient, ils doivent encore s'en souvenir, et « Nuit et Brouillard » a été plébiscité par une très large majorité, à 90 ou 95 %...

Difficile après cela de parler du reste de l'album. Notons qu'il reprend « Quatre Cents Enfants noirs », « Horizontalement », mais pas « Sainte Canaille » (et c'est tant mieux, serait-on tenté de dire). Ferrat reprend également « Les Enfants terribles », joli texte sur ceux qui « font les révolutions ». À noter : un bel hommage, tendre et amusé, à Georges Brassens. La chanson s'intitule simplement « À Brassens » : *Est-ce un reflet de ta moustache/Ou bien tes cris de « Mort aux vaches ! »/Qui les séduit/De tes grosses mains maladroites/Quand tu leur mets dessus la patte/C'est du tout cuit.*

Exercice d'admiration, donc, avec ces mots prémonitoires : *Toi dont tous les marchands honnêtes/N'auraient pas de tes chansonnettes/Donné deux sous/Voilà qu'pour leur déconfiture/Elles resteront dans la nature/Bien après nous.*

Et force est de constater que, 30 ans après sa disparition, Brassens semble plus vivant que jamais. Jean dira de cette chanson :

— J'ai eu envie de l'écrire en allant voir Brassens à l'Olympia en 1962. C'était la pleine époque du yéyé sur les antennes. Moi je trouvais ça débile, n'empêche que c'était ce qui marchait ! Personnellement, je n'avais pas à me plaindre, je chantais, mais je me demandais comment les autres allaient faire pour s'en tirer. [...] Et puis je suis allé voir Brassens à l'Olympia. Lui, il arrivait avec sa guitare, il parlait, il disait des mots, il chantait, et les gens écoutaient ! C'était encourageant ! Alors, j'ai écrit cette chanson parce que j'ai senti qu'il se passait quelque chose d'important : une salle qui écoutait un chanteur.

L'album comportera un autre succès, la chanson « C'est beau la vie ». Sur un thème pour le moins consensuel, Claude Delécluse et Michelle Senlis parviennent à tricoter un joli texte sans cliché avec quelques belles images poétiques : *La rouge fleur éclatée/D'un néon qui fait trembler/ Nos deux ombres étonnées/Que c'est beau, c'est beau la vie.*

Cet album change la donne pour Jean Ferrat. Son succès avec « Deux Enfants au soleil » le classait inévitablement dans la catégorie des chanteurs de bluettes ; ici, c'est un tout autre artiste qui apparaît.

Un homme concerné par le bruit du monde, humain et humaniste, profond. Le public peut enfin apercevoir qui est le vrai Jean Ferrat.

13

Antraigues-sur-Volane, un paradis

L'année 1964 va donner à Jean l'opportunité d'enfoncer un peu plus le clou et lui offrir une vie nouvelle. Désormais reconnu par le public et les professionnels pour ce qu'il est réellement (il obtient le prix de l'Académie Charles Cros pour l'album *Nuit et Brouillard*), l'homme se sent bien mieux. Il s'est trouvé, déployé.

De plus, son épouse Christine semble commencer elle aussi à se faire une petite notoriété. Elle a entamé une tournée en compagnie de Georges Brassens au mois de février qui durera plus d'un mois, et accumule les critiques élogieuses.

On insiste sur son exigence, sur son désir de donner au public des œuvres à la fois complexes et accessibles (rejoignant en cela la philosophie d'un Jean Vilar) et sur son incroyable talent d'interprète. Christine se produira à la fête de l'Huma, sur la scène principale, et fera la première partie de Georges Brassens à Bobino pendant trois semaines.

Le public qui vient applaudir Brassens ne la connaît guère. Pourtant, elle remporte un succès incroyable. Christine semble devoir elle aussi « décoller ».

On lui prédit, encore une fois, une belle carrière, à l'instar d'une Barbara.

Sur le plan personnel, les deux époux qui habitent toujours Ivry étouffent un peu dans cette « banlieue surpeuplée », comme le chante Jean dans « Ma môme ». C'est Jean surtout qui semble avoir besoin, envie, d'un peu d'air.

Ses beaux succès lui ont offert une grande notoriété et un grand respect du public.

Bien qu'il soit devenu véritablement une vedette, Ferrat n'a pas l'intention de se comporter comme tel. Pas d'appartement parisien gigantesque, encore moins de fêtes à Saint-Tropez avec le clan Barclay. Jean veut du calme, de la nature. Il a besoin de calme pour créer.

Il se renseigne autour de lui, il demande conseil. Gabriel Monnet, le directeur de la Comédie de Bourges avec qui Jean collabore à l'écriture d'une musique pour un spectacle, lui parle de l'Ardèche, sa terre d'origine. Monnet a un ami, Jean Saussac, artiste peintre mais surtout ancien résistant, qui réside dans le village d'Antraigues-sur-Volane, situé au beau milieu de nulle part. Ferrat et Saussac se rencontrent, s'entendent immédiatement à merveille, si bien que le chanteur décide d'aller se retirer quelque temps dans le village du peintre.

La région est reculée, très sauvage, le rêve pour qui veut se mettre au vert, s'éloigner un temps de la frénésie parisienne.

Lorsque Ferrat débarque avec armes et bagages dans le petit village perché sur une colline, il part à la recherche d'une maison à louer. On le regarde avec un haussement de sourcils, voire un haussement d'épaules. Louer ? À Antraigues ? Il y a bien des maisons à vendre, ça oui, mais rien à louer.

Les prix de l'immobilier dans la région étant astronomiquement inférieurs à ceux de la région parisienne, Jean Ferrat décide d'aller visiter quelques propriétés en compagnie de Saussac. Il visite une ferme abandonnée, dévorée par les herbes folles, magnifique.

Au cours de la visite, il demande d'où vient ce bruit de ruissellement si agréable à l'oreille. « C'est le torrent qui coule un peu plus bas », lui répond-on.

— Je suis descendu au torrent, raconte Jean, et j'ai dit : « J'achète. »

Il faut dire que le village d'Antraigues est merveilleusement joli et calme. Situé à 470 mètres d'altitude sur un piton volcanique, Antraigues a quelque chose de terriblement authentique. L'eau y coule en abondance, grâce aux trois rivières qui cernent le village, la Volane, le Mas et la Bise (quel joli nom pour un cours d'eau).

Le nom du village vient d'ailleurs de sa position topographique et de son hydrographie puisque Antraigues signifie « entre les eaux ». Jean, qui déambule dans les « calades », les petites ruelles pavées, tombe totalement sous le charme.

Les vestiges du château, l'église gothique Saint-Baudile, tout cela enchante littéralement l'artiste.

— L'église, l'école, un bistrot, il n'y a rien d'autre à Antraigues, raconte-t-il. À un jet de pierre d'un torrent à truites, j'ai acheté une maison dont il ne restait que les murs extérieurs, puis j'ai commencé à aménager : « Faites sauter ça, puis arrangez ce mur, refaites le plancher... » Heureusement, les travaux coûtent moitié moins cher qu'à Paris là-bas !

Mais ce n'est pas uniquement la beauté du lieu qui va créer un lien entre Jean Ferrat et ce village de l'Ardèche. La vie s'écoule lentement, à un rythme qui lui convient.

Les habitants et leurs interminables parties de « longue » (une des nombreuses variantes de la pétanque) ont une chaleur particulière. Jean se sent bien parmi eux, loin des Parisiens. Ici, les rapports sont francs, il n'y a pas d'enjeu lorsque vous parlez à quelqu'un.

Au fond, les habitants d'Antraigues se fichent plutôt de savoir que Jean est un chanteur célèbre. C'est sur ses qualités humaines qu'on le jugera, rien d'autre.

Et Dieu sait si Jean en possède. Il se mêle aux gens de la commune, prenant volontiers l'apéritif avec les autochtones.

Il reste cependant discret, observant les Ardéchois avec une forme d'admiration.

De cette vie tranquille, un modèle d'existence amené à disparaître à court terme, Jean va tirer l'une de ses chansons les plus connues, « La Montagne », que les habitants d'Antraigues s'approprieront comme un hymne, une ode à leur village et à leur mode de vie.

Mais « La Montagne » est plus que cela. Elle embrasse plusieurs questions, plusieurs problèmes.

L'exode rural qui, dans les années 1960, vide littéralement les campagnes, l'écologie, et le mode de vie urbain consumériste à outrance devenant la norme pendant les trente glorieuses. C'est une chanson « totale », à la fois poétique et politique, mettant en balance la douceur d'un mode de vie rural et la trivialité de l'existence des urbains : *Ils quittent un à un le pays/Pour s'en aller gagner leur vie/Loin de la terre où ils sont nés/Depuis longtemps ils en rêvaient/De la ville et de ses secrets/Du formica et du ciné.*

Dans le même couplet apparaissent les mots « terre », « pays », mais aussi « formica » (affreux symbole de la consommation de masse) et « ciné » (symbole d'une société tournée vers le loisir et les plaisirs immédiats).

Plus loin, Ferrat met côte à côte, dans un autre couplet, l'incertitude de la vie à la campagne et l'aspiration à une vie réglée, rangée, sans surprise : *Deux chèvres et puis quelques moutons/Une année bonne et l'autre non/Et sans vacances et sans sorties* [...] *Leur vie ils seront flics ou fonctionnaires/De quoi attendre sans s'en faire/Que l'heure de la retraite sonne.*

La vision presque cauchemardesque d'un monde qui supprime le risque au point que l'on se demande s'il reste quelque chose de la « vie ».

Puis encore ces mots, triviaux, qui donnent une image tellement négative de cette forme de modernité offerte par une société qui fait de ses citoyens des moutons acceptant ce qu'on leur offre sans se poser de questions, sous prétexte de « changement » : *Il faut savoir ce que l'on aime/Et rentrer dans son HLM/Manger du poulet aux hormones.*

Bref, « La Montagne » oscille entre brûlot et éloge, entre dureté et douceur. Sans doute l'une des plus belles réussites de Jean Ferrat.

C'est au mois de novembre 1964 que sort la chanson, sur un nouveau 45 tours où figure également « Hourrah ! », bel élan solidaire, parlant de fraternité, de communauté d'idées, d'une multitude réunie par les mêmes rêves : *Pour chaque fruit mûrit une saison/C'est en été que tombent les prisons/Grenade un jour aura brisé ses liens/ Vous mes amis que je connais si bien/L'avenir l'avenir/Ouvre ses jambes bleues/Faudra-t-il en mourir/Ou bien n'est-ce qu'un jeu.*

À noter la référence ténue à la dictature du général Franco en Espagne et à l'une de ses victimes, Federico Garcia Lorca.

C'est à Grenade que Lorca est fusillé. Le vers *Grenade un jour aura brisé ses liens* est un beau rappel pudique.

Apparaissent aussi « Autant d'amour autant de fleurs », histoire d'amour « mixte » menée tambour battant sur un rythme jazz endiablé, et le très beau « Que serais-je sans toi », tiré d'un texte d'Aragon, un titre sur lequel nous reviendrons.

Bien entendu, malgré la qualité des autres chansons du 45 tours, c'est « La Montagne » qui va remporter tous les suffrages.

La chanson respire l'amour de la région que Ferrat vient de découvrir et dans laquelle il se sent si bien. Au cours d'un *Discorama* qui lui est consacré, il dit à Denise Glaser :

— J'ai rencontré un pays, que j'ai aimé, que j'aime ; et je crois que j'irai très souvent, parce que je me sens bien là-bas. Moi je suis né à Paris, j'y ai toujours été élevé, je suis une fleur du pavé si j'ose dire [...] et je n'étais jamais allé dans un pays qui m'avait frappé autant par sa beauté, par son calme, et par sa population aussi. Là-bas, on a l'impression qu'ils savent vivre, qu'ils ont le sens de ce qu'est leur vie. [...] C'est dans les Cévennes. Là il y a un petit hameau, où il n'y a plus que deux feux, maintenant tous les gens sont partis. Il y a une vieille qui a dans les 90 ans [...], mais elle sait très bien s'exprimer. Quand je parle avec elle, je n'ai pas l'impression de perdre mon temps. Elle parle des saisons, des choses qui se passent, et le jour où j'y étais, il y avait une grande marmite dans la cheminée, où une soupe cuisait là depuis des heures. Et moi j'ai l'impression que pour arriver à faire une soupe comme ça, il faut des générations, des millénaires même ! Alors, les gens vont partir, ils vont s'en aller ailleurs, ils vont s'entasser souvent dans des conditions pas du tout comparables et ils n'auront jamais le temps de faire une soupe pareille. Je suis pour le progrès technique, bien sûr, pour que les gens s'en aillent dans la lune ou ailleurs, mais je suis aussi pour les choses bonnes qui sont essentielles et qui restent. Et je me demande ce qui restera d'une civilisation qui va dans la lune et qui ne sait plus faire de soupe.

Magnifique hommage de Ferrat à ces gens qui le touchent tant. Et véritable question posée. La modernité, la technique doivent-elles tout balayer sur leur passage ?

Cette chanson, au même titre que « Nuit et Brouillard », si ce n'est plus, restera attachée au nom de Jean Ferrat. Il dira plus tard :

— Oui, je crois que dans l'esprit des gens, maintenant, Ferrat restera toujours associé à « La Montagne », l'Ardèche... C'est un peu logique, parce que je vis à Antraigues depuis cette année-là, mais j'avoue que je ne m'attendais pas à un tel succès [...], d'autant que je l'ai écrite très vite pendant les vacances que j'ai passées là-bas, la première année que j'allais en Ardèche, mais alors très facilement parce que c'était un contact vrai avec la réalité d'un pays, et ça m'est venu très simplement.

Pourquoi « La Montagne » fait-elle un tel succès ? On pourrait sans doute avancer de nombreuses hypothèses.

Les Français qui se sont massivement installés dans les villes dans l'après-guerre ont presque tous encore un lien direct avec les campagnes.

La nostalgie de la vie de leurs parents ou de leurs grands-parents se fait sans doute sentir.

Et puis, « La Montagne » agit peut-être comme un révélateur. Ce que l'on a désiré en venant s'installer en ville a-t-il un sens ? Cela correspond-il vraiment aux aspirations que l'on avait ? Vivre entassés dans des petits appartements, courir, prendre les transports en commun pour se rendre au travail ? Tout cela est-il vraiment un progrès ?

Un petit mois seulement après la sortie du 45 tours, Jean Ferrat enchaîne avec un nouvel album...

14

La montagne est belle

Ainsi, au mois de décembre 1964, alors que « La Montagne » est sur toutes les ondes, Jean Ferrat sort son nouveau 25 cm. Huit titres, comme il se doit, sont présents sur le nouvel opus.

Outre le désormais célébrissime « La Montagne », viennent s'ajouter les autres titres du 45 tours et quelques-uns de plus.

Le ton de l'album est assez radical et politique, tout en conservant clairement une volonté de distance, ce qui devient la patte de Ferrat. Les pièces ne sont pas « revendicatives » ou militantes à la manière d'un Ferré.

Prenons pour exemple la chanson qui ouvre l'album, joliment intitulée « Berceuse ». Les premières notes ont quelque chose d'inoffensif. Les premiers vers aussi. *Dors petit homme/ Dors petit frère.* L'on s'attend à une bluette sur la paternité, sur le bonheur de voir un enfant dormir. Mais, très vite, dès le premier couplet, on comprend que l'on a fait fausse route : *À Bahia de tous les Saints* [...] *Tu t'endors le long des quais/ Près des fûts abandonnés/Poings fermés dans la poussière.* Le petit homme est un enfant des rues, au Brésil...

Toujours sur le même ton, avec la même douceur, Ferrat dit la cruauté du monde : *La faim/Met sa robe d'apparat/C'est l'heure où l'on voit les rats/Regagner les grands navires/C'est l'heure/Où des financiers au bras/Les putains ouvrent leurs draps/En forme de tirelire.*

« Le jour où je deviendrai gros » est une belle chanson satirique, contrepoint à « La Jeunesse » qui figure également sur l'album.

Ce morceau est assez drôle et, malgré son titre, n'a pas vraiment à voir avec le « On est foutus on mange trop » d'Alain Souchon.

Ce que fustige ici Ferrat, c'est l'embourgeoisement dont la bedaine satisfaite est la plus évidente des métonymies. On est finalement plus proche des « Bourgeois » de Jacques Brel.

Certains vers sont proprement jubilatoires : *Plus s'agrandira ma bedaine/Plus s'amoindrira mon cerveau*, ou encore : *La rosette à la boutonnière/Je saluerai bas le drapeau/J'écouterai les légionnaires/Chanter le temps du sable chaud/En versant des larmes amères/Sur nos colonies, les salauds.*

Ces derniers vers sont d'autant plus savoureux et marquants lorsque l'on garde en mémoire que la guerre d'Algérie s'est terminée deux ans plus tôt seulement.

Le disque contient aussi un titre mettant en musique un poème d'Aragon. « Au bout de mon âge » est une belle réflexion sur la fugacité du temps et la vie en général, vie que l'on pense maîtriser, sur laquelle on croit avoir la mainmise, mais qui en réalité n'en fait qu'à sa tête : *Tant pour le plaisir/Que la poésie/Je croyais choisir/ Et j'étais choisi/Je me croyais libre/Sur un fil d'acier/Quand tout équilibre/Vient du balancier.*

Il faut terminer d'évoquer ce nouvel opus par une nouvelle chanson tirée elle aussi d'un texte de Louis Aragon et qui deviendra également un des standards de Jean Ferrat : « Que serais-je sans toi ».

Il suffit d'en citer quelques vers pour que la magie opère : *Qui parle de bonheur a souvent les yeux tristes/N'est-ce pas un sanglot de la déconvenue/Une corde brisée aux doigts du guitariste/Et pourtant je vous dis que le bonheur existe/Ailleurs que dans le rêve ailleurs que dans les nues/Terre terre voici ses rades inconnues...*

La mélodie se marie si bien avec le texte que l'on pourrait croire que les deux ont été écrits de concert. C'est une incroyable chanson d'amour, référence à un moment particulier de la vie d'Aragon, particulier et décisif : sa rencontre avec Elsa Triolet. Louis Aragon, en 1928, vient de rompre avec Nancy Cunard et se trouve plongé dans une infinie tristesse qui le poussera même à tenter de mettre fin à ses jours.

C'est alors qu'il fait la connaissance d'Elsa, qui est la belle-sœur de l'immense poète russe Vladimir Maïakovski (qui, lui, se suicida réellement).

Aragon, s'il est subjugué par la jeune femme, n'ose l'approcher. C'est elle qui prendra les devants, laissant notre poète aussi pantois qu'émerveillé.

Bref, ce nouveau 25 cm est engagé, mais sait garder de la hauteur, de la distance, et c'est ce qui fait la spécificité de Jean Ferrat.

Le vif succès de l'album s'accompagne comme il se doit d'un spectacle dans une salle parisienne. C'est l'Alhambra qui est choisi pour accueillir le chanteur. Il se retrouve pour la première fois en vedette sur une scène de la capitale. Et pour sa grande première, Jean prend de véritables risques.

Pas tellement sur ce qu'il donne lui-même au public, mais principalement sur le déroulement du spectacle et sa première partie totalement loufoque. Jean a confié le soin de l'ouverture de son spectacle à Jean-Christophe Averty, metteur en scène déjanté et provocateur.

Ce dernier va donc concocter un spectacle à la hauteur de sa réputation.

Alors que la salle bruisse encore, le rideau se lève sur deux figurants cognant sur des rails. Un bruit à la limite du supportable.

Puis, sur la scène, on verra défiler un christ crucifié sur un panneau de basket, une nonne enceinte, un accessoiriste portant un tablier de boucher couvert de sang... Et tout est à l'avenant. Averty est allé chercher du côté de Pigalle des artistes totalement décalés, comme ce pianiste qui joue... avec les pieds...

La salle est saisie, médusée, scandalisée par moments. Heureusement, lorsque Ferrat entre en scène pour interpréter les 15 chansons qu'il a préparées, les choses se calment.

Jean Ferrat avouera cependant quelques années plus tard avoir eu, chaque soir, un peu de mal à reprendre le public en main.

Il faut dire que la première partie se terminait sur une provocation que le grand Pierre Desproges lui-même n'aurait pas reniée : le comédien Michel Muller apparaît déguisé en Adolf Hitler.

Avant de sortir, il fait un salut nazi et lance : « À bientôt, messieurs dames. » Humour trop noir, trop décalé pour être compris.

Pourtant, le message de Muller est à l'opposé de ce que le public en comprend.

Dans son esprit, cette sortie cherche simplement à montrer qu'il faut rester vigilant, que le fascisme peut surgir à tout moment.

Mais le public, et principalement les anciens combattants, se sent offensé.

Pourtant, Jean Ferrat, loin de désavouer Muller, va le soutenir. Il dira :

— Lutter contre le fascisme, chacun le fait avec ses armes. Moi je le fais avec « Nuit et Brouillard », Muller le fait avec l'humour. C'est le même combat.

Malgré les réactions à la première partie, Jean reçoit tout de même les ovations d'un public heureux d'entendre le chanteur entonner ses succès et quelques chansons inédites.

Saluant la voix, l'intelligence et la sincérité de l'artiste, la presse sera elle aussi particulièrement élogieuse.

Cette belle réussite sera suivie d'une tournée en province, comme il se doit.

Le public se déplace volontiers pour aller écouter ce chanteur qui a su inventer son propre style, qui envoie des messages sans pour autant être pontifiant et dont les textes sont toujours joliment ciselés. D'ailleurs, lorsqu'on lui demandera de s'exprimer sur le rapport de la musique et des paroles dans ses chansons, Ferrat répondra :

— Dans la chanson, si vous voulez, la musique – pour le public – a autant d'importance que les paroles. Moi, dans la chanson, j'attache moins d'importance à la musique qu'aux paroles. Étant donné que pour moi, la chanson est un moyen d'expression, il est certain que l'expression est surtout dans ce qu'on dit plus que dans ce qu'on chante. Mais encore une fois, la chanson est un tout que le public reçoit directement et qui doit être un mariage heureux entre la musique et les paroles.

Jean s'est réellement affirmé au cours des deux ou trois dernières années. À preuve, il est beaucoup plus à l'aise sur scène.

Il est loin le temps où il ne savait que faire de ses grands bras. Ferrat a trouvé un style, une décontraction particulière ; il chante avec beaucoup de retenue, de réserve, ne joue pas les émotions, laisse au texte et à la musique le soin de le faire. S'exprimant sur le sujet, il confiera :

— Je ressens les choses vivement, mais je ne veux pas le laisser voir. [...] À mes débuts, j'étais timide. [...] Maintenant je ne suis plus timide, mais je suis réservé.

15

La censure

L'année 1965 voit Jean Ferrat continuer à tourner en province, abondamment. Le chanteur commence à très, très bien gagner sa vie et a enfin trouvé un public qui s'avérera extrêmement fidèle tout au long de sa carrière.

Sur le plan politique, la France n'a pas beaucoup changé depuis ses débuts.

Cette année 1965 va faire l'objet de deux élections qui ne feront que conforter la mainmise de Charles de Gaulle sur le pays.

En mars, tout d'abord, ce sont les élections municipales. Élections de proximité s'il en est, les municipales donnent le pouls du pays. Les citoyens votent pour ce qui les concerne directement, quotidiennement ; elles sont donc un excellent baromètre. Or, les élections qui se déroulent les 14 et 21 mars 1965 donnent une très large victoire à la droite. Le visage de la France paraît ne pas devoir frémir.

Les conservateurs tiennent le haut du pavé, et personne ne semble susceptible de les en déloger. Le pays est pourtant à la veille d'un bouleversement majeur. Mais aucun signe apparent ne le laisse entrevoir, à tout le moins du côté des urnes.

Il en sera de même pour l'élection présidentielle qui aura lieu quelques mois plus tard, les 5 et 19 décembre 1965.

De Gaulle n'a annoncé sa candidature que tardivement, le 4 novembre, par une intervention télévisée à 20 heures : *« Que l'adhésion franche et massive des citoyens m'engage à rester en fonctions, l'avenir de la République nouvelle sera décidément assuré. Sinon, personne ne peut douter qu'elle s'écroulera aussitôt. »*

Comme Charles de Gaulle ne s'imagine pas pouvoir perdre cette élection, il ne fait pratiquement pas campagne. Il renonce à utiliser son temps de parole à la télévision.

Mais, sa popularité baissant rapidement dans les sondages, il se ravise et y recourt.

Il passe à la télévision les 30 novembre et 3 décembre, où il fait forte impression. De Gaulle reste De Gaulle : une dose de décontraction, une dose d'humour, une dose de grandiloquence...

Le président en exercice espère peut-être même obtenir la majorité absolue dès le premier tour. Mais ce ne sera pas le cas. Deux rivaux vont lui faire face avec un bel acharnement.

Il s'agit de Jean Lecanuet, centriste, et d'un certain François Mitterrand, président de la Convention des institutions républicaines (CIR). Mitterrand a obtenu rapidement l'investiture et le soutien du parti socialiste SFIO alors même qu'il n'en était pas membre, du Parti radical, du Parti socialiste unifié (PSU) et du Parti communiste français, ce dernier se méfiant de l'élection présidentielle au suffrage universel direct.

Attaché à l'idée d'union de la gauche sans exclusive et à une stratégie de fédération de ses différentes organisations, Mitterrand était un des rares hommes de gauche à promouvoir une alliance incluant les communistes.

Le député de la Nièvre, alors âgé de 49 ans, ancien ministre de la Quatrième République, devient ainsi candidat unique de toute la gauche. Les socialistes et les communistes voyaient en lui un candidat présentable, mais sans grande envergure.

Opposant de la première heure au général de Gaulle ainsi qu'aux institutions de la Cinquième République, il mène une campagne vigoureuse, se voulant celle des opposants sans complexes au gaullisme : il joue de son âge et se présente sur ses affiches comme « un président jeune pour une France moderne ».

Les deux principaux opposants au général de Gaulle sont plus jeunes et ont scruté de très près les élections américaines de 1960 qui ont vu John Fitzgerald Kennedy accéder au pouvoir contre Richard Nixon.

Ils ont notamment étudié le rôle de la télévision dans cette élection où il est évident que l'apparente décontraction de Kennedy a fait mouche face à un Nixon mal à l'aise et transpirant, moite.

Lorsque l'on visionne les images, le contraste est criant, encore plus aujourd'hui, dans une société où tous les hommes politiques sont conseillés, coachés spécialement pour passer à la télévision.

Aujourd'hui, ce n'est d'ailleurs pas uniquement leur apparence qui se doit d'être télégénique, c'est également leur discours qui se voit de ce fait simplifié à l'extrême, ne laissant plus aucune place à la complexité des idées... Mais brisons là, cela nous éloignerait trop de notre sujet. Bref, François Mitterrand et Jean Lecanuet adoptent les méthodes américaines modernes.

Ils incluent les sondages dans leurs campagnes et font tous les deux appel à des entreprises de conseil en communication. La stratégie s'avérera payante à des échelles différentes cependant.

Au soir du premier tour, Charles de Gaulle est mis en ballottage, obtenant tout de même près de 45 % des voix.

François Mitterrand arrive en deuxième position avec un score de 31 %. Pour sa part, Lecanuet obtient un score de 15 %, plus qu'honorable.

Au soir du second tour, et malgré une belle campagne de Mitterrand, Charles de Gaulle sera réélu avec 55 % des voix contre 45 % à son opposant. La France n'a pas voulu du changement.

Et François Mitterrand devra prendre son mal en patience puisqu'il lui faudra attendre encore 16 ans avant d'accéder au pouvoir...

Bien entendu, Jean Ferrat suivra tout cela de très près. L'air du temps va lui inspirer des textes, mais, comme souvent, le chanteur ne se trouvera pas là où on l'attend.

C'est en effet en 1965 que paraît sa splendide chanson « Potemkine » (écrite par Georges Coulonges), qui pourrait paraître parfaitement déconnectée de l'actualité, et qui ne l'est pourtant pas du tout. Le morceau s'appuie sur un épisode révolutionnaire russe qui a inspiré le chef-d'œuvre d'Eisenstein, *Le Cuirassé Potemkine.*

En 1905, le Comité central de l'organisation social-démocrate de la flotte de la mer Noire entreprend des préparatifs pour un soulèvement général simultané sur l'ensemble des navires de la flotte, planifié pour l'automne 1905. Alors que le *Potemkine* est en croisière au large de l'île Tendra pour des exercices de tir, une mutinerie éclate de façon spontanée, mais prématurée par rapport aux plans des révolutionnaires.

La révolte est déclenchée par le second du cuirassé. Ayant menacé de représailles une partie de l'équipage qui refuse de manger de la viande avariée, il aurait fait masser les mutins sur le pont avant, recouverts d'une bâche, et des fusiliers marins les tiennent en joue.

L'équipage en aurait conclu qu'on se préparait à passer les mutins par les armes et se serait interposé, suppliant les fusiliers de ne pas tirer.

C'est la version qui est présentée dans le film d'Eisenstein ; ce qui s'est en fait réellement passé reste peu clair et a été estompé par la légende propagée par le film d'Eisenstein.

Il est certain que la discipline de la marine était sévère, et le moral, bas à la suite des défaites humiliantes de la guerre russo-japonaise.

La révolte éclate, et les mutins exécutent un certain nombre de leurs officiers, y compris le médecin qui avait certifié la viande propre à la consommation. Les officiers survivants sont mis aux arrêts. L'équipage s'organise en une Commission conduite par Afanassi Matouchenko. Dans la soirée, le cuirassé mutiné revient à Odessa en arborant le drapeau rouge. Odessa était déjà sous le coup d'une grève générale et d'émeutes sporadiques, que l'arrivée du cuirassé attise.

Les représentants de la « commission de contact » des partis sociaux-démocrates ne parviennent cependant pas à convaincre l'équipage du cuirassé de débarquer des détachements armés et d'aider les ouvriers à se procurer des armes et à combattre.

Le 16 juin, les funérailles de l'un des marins tués pendant la mutinerie se transforment en manifestation à caractère politique.

La cavalerie à pied tire sur les manifestants massés sur l'escalier Richelieu, qui relie le centre-ville au port ; cette scène forme l'une des images les plus fortes du film *Le Cuirassé Potemkine.*

En représailles, le *Potemkine* tire deux obus sur le point de la ville où se trouvait le quartier général des forces tsaristes, tuant un civil et causant peu de dégâts.

L'armée impériale envoie alors des renforts à Odessa pour réprimer la révolte, et le gouvernement affrète deux escadrons de la flotte de la mer Noire dans le but de reprendre ou de couler le *Potemkine.*

Mais le cuirassé, flanqué du torpilleur n° 267, tient tête à la flotte, naviguant à pleine vapeur droit vers le centre de la formation ; la « bataille silencieuse » finit en victoire pour les mutins :

les équipages des deux escadrons refusent d'ouvrir le feu, et l'un des cuirassés, le *Gueorgui Pobedonossets*, rejoint même les insurgés.

Les escadrons retournent alors à Sébastopol, tandis que les trois navires rebelles se dirigent vers Odessa.

Au soir du 18 juin, le cuirassé, toujours flanqué du torpilleur n° 267, rallie Constanţa, en Roumanie, pour se réapprovisionner en charbon et en vivres.

Le 20 juin, la Commission du navire envoie des appels solennels « à tout le monde civilisé » et « à toutes les puissances européennes », et proclame la résolution de l'équipage à combattre le régime tsariste.

Le gouvernement roumain interdit que le cuirassé soit ravitaillé, et le vaisseau se dirige alors vers Théodosie, où l'aide leur est également refusée le 22 juin.

Le 25, le *Potemkine* retourne à Constanţa et se rend aux autorités roumaines. Certains des marins retournent alors en Russie où ils sont arrêtés et jugés. L'essentiel de l'équipage rentrera en Russie après la révolution de février 1917.

Lénine écrivit que la mutinerie du *Potemkine* avait une importance cruciale, en ceci qu'elle était la première tentative de créer l'embryon d'une armée révolutionnaire, tout particulièrement alors qu'une bonne partie de l'armée tsariste se rangeait aux côtés des révolutionnaires.

Lénine appelait le *Potemkine* le « territoire invaincu de la révolution ».

Sur un air martial, la chanson démarre par ces vers : *M'en voudrez-vous beaucoup si je vous dis un monde/Qui chante au fond de moi au bruit de l'océan/M'en voudrez-vous beaucoup si la révolte gronde/Dans ce nom que je dis au vent des quatre vents.* Ce *M'en voudrez-vous beaucoup* qui ouvre la chanson a quelque chose de curieux. À qui s'adresse Ferrat ? Sans doute aux autorités, et plus précisément à la censure. Ce « M'en voudrez-vous » semble dire « Me laisserez-vous faire ? » Ferrat raconte alors l'exaltante aventure des fusiliers marins du célèbre cuirassé : *M'en voudrez-vous beaucoup si je vous dis un monde/Où celui qui a faim va être fusillé/Le crime se prépare et la mer est profonde/Que face aux révoltés montent les fusiliers.* Soixante ans après la révolte des marins du Potemkine, ce monde où celui qui a faim va être fusillé existe toujours bel et bien.

Pas en France, bien sûr, mais en Espagne si proche, ailleurs, en Amérique latine. Et cette faim dont parle Ferrat, peut-être est-elle un désir de liberté. Si la France n'est pas un régime autoritaire, le désir de liberté existe bel et bien.

La France étouffe et fera bientôt exploser le couvercle qui lui obscurcit l'horizon.

Le dernier couplet se termine sur des vers qui vont avoir en plus quelque chose de parfaitement intolérable pour le pouvoir : *M'en voudrez-vous beaucoup si je vous dis un monde/Où l'on n'est pas toujours du côté du plus fort.*

Si « Potemkine » avait vraiment été déconnecté de la réalité, les réactions n'auraient sans doute pas été les mêmes. « Potemkine » est purement et simplement interdit de passage à la télévision.

La chanson engendre une véritable « affaire ».

Nous sommes au mois de novembre 1965, quelques semaines seulement avant les élections présidentielles. Jean Ferrat a été invité à se produire à la télévision à *Âge tendre et Tête de bois*, invité par Albert Raisner qui présente l'émission. Le chanteur raconte :

— Le lundi qui précédait *Tête de bois*, j'ai su que la direction de la télévision avait demandé à lire les paroles de « Potemkine ». Il n'y avait alors aucune remarque venant d'elle et la répétition s'est faite comme prévu. [...] Le mercredi à 18 heures, je me présente au Moulin de la Galette où se fait l'émission publique. Albert Raisner, très gêné, m'annonce l'interdit de la direction de l'ORTF.

Jean Ferrat ne comprend pas, il appelle directement la direction et tente d'avoir une explication. Il restitue ainsi le dialogue qui s'en est suivi :

— Nous sommes désolés, monsieur Ferrat...

Personnellement, j'aime beaucoup votre chanson, mais il nous est impossible de la diffuser actuellement sur les ondes... [...] Nous sommes en période électorale... Après le 5 décembre si vous voulez... Car les paroles...

Jean Ferrat a beau arguer que la chanson parle de faits vieux de 60 ans, rien n'y fait. Il s'entend dire : « Chantez autre chose. » Ferrat raccroche le téléphone, furieux, et quitte l'émission.

Mais il n'est pas dit qu'il en restera là.

Dès le jour suivant, il se fend d'un courrier, écrit avec Georges Coulonges et adressé au président du conseil d'administration de l'ORTF, dans lequel les deux hommes font part de leur incompréhension totale : *« Avec la meilleure volonté, nous ne voyons pas, nous ne comprenons pas comment l'exaltation du courage, l'exaltation d'un sentiment noble incitant l'homme à se vouloir non du côté de la force, mais du côté de la justice, pourrait être condamnable. »*

Une atteinte à la liberté d'expression d'autant plus criante, d'autant plus absurde, que le contenu pourrait passer pour inoffensif. *L'Humanité* s'empare de l'affaire et dénonce la censure.

Un texte paraît dans la presse intitulé : « Cinquante-cinq personnalités des lettres et de la science protestent contre l'interdiction de «Potemkine» à la télévision. » Les signataires de cet appel sont prestigieux. On compte parmi eux Pierre Brasseur, Guy Béart, Jean-Luc Godard, Simone Signoret, Yves Montand, Louis Aragon et Elsa Triolet.

Mais l'appel est vain, et l'histoire ne s'arrête pas là. Jean avait un autre passage télé de prévu, à *Télé-Dimanche*, le 12 décembre 1965, soit entre les deux tours de l'élection présidentielle. *Télé-Dimanche* est un programme récréatif, qui présente l'actualité sportive entrecoupée de variétés. Son animateur, Raymond Marcillac, qui ne cache pas sa forte sensibilité gaulliste, écarte la chanson. Jean, encore une fois, refuse de se produire s'il n'a pas le choix de ce qu'il va interpréter. Revenant sur cet incident :

— Les gens qui étaient à la direction des télévisions et des radios ouvraient le parapluie. Étant donné que quelques chansons parlaient de la justice de la liberté, des choses comme ça qu'il n'était pas bon de clamer, ils avaient peur de se faire taper sur les doigts.

Ce malheureux épisode marquera durablement Jean Ferrat qui reviendra dessus lors de nombreuses interviews.

— C'était la première fois que je me trouvais vraiment confronté à la censure directe, évoquera-t-il 15 ans plus tard. Évidemment, ça a provoqué des réactions difficiles et diverses, mais ce n'était pas grave parce qu'on peut répondre à la censure directe. Beaucoup plus grave est la censure indirecte[1], quand on oublie volontairement de programmer une chanson, parce qu'on ne peut rien faire contre ça.

Comme cela arrive souvent, la censure exercée sur « Potemkine » aura l'effet exactement inverse de celui escompté. Peut-être la chanson serait-elle passée inaperçue si elle n'avait pas été interdite.

Mais l'acharnement des autorités donne au texte de Georges Coulonges une résonance particulière.

— Le fait historique qui a servi de base, remarquera Ferrat lui-même, beaucoup de gens n'en ont jamais entendu parler. J'ai l'impression qu'avec l'ambiance qu'il y a dans cette chanson, ils la prennent pour ce qu'elle est, c'est-à-dire un sentiment de révolte.

L'année se referme sur une victoire de Charles de Gaulle aux élections présidentielles. Avec ou sans « Potemkine », le vieux général était pratiquement assuré d'être réélu. D'ailleurs, bien plus tard, Jean dira :

— [...] ça peut paraître rigolo, maintenant, qu'une chanson comme « Potemkine », ça fasse peur ! On m'avait dit à ce moment-là : « On ne

1. Dont a fait l'objet « Nuit et Brouillard ».

peut pas la passer parce que nous sommes dans une période électorale. » Préélectorale ! D'abord, en France, on est toujours dans une période préélectorale, et je ne voyais pas du tout ce que les marins du *Potemkine* avaient à faire avec les électeurs français...

Cependant, pour Jean, après « Potemkine », la donne a changé. Il est devenu, bien malgré lui, un chanteur d'opposition au régime gaulliste, une figure de proue...

16

« Je ne chante pas pour passer le temps »

Quelques jours seulement après l'élection présidentielle, Jean Ferrat remonte sur scène, à Bobino. Il est programmé pour trois semaines et est désormais auréolé d'une image d'opposant qui lui donne une nouvelle épaisseur. Sur la scène parisienne, Jean va interpréter une quinzaine de chansons. Ses standards, son « Potemkine » (totalement incontournable à cette période) et des chansons de son nouvel album. Pourtant, de son propre aveu, Jean Ferrat n'avait pas écrit une ligne. Or, l'album et la scène se profilaient sérieusement à l'horizon. Le chanteur s'enferme donc dans « son » village d'Antraigues-sur-Volane et travaille d'arrache-pied à écrire de nouvelles chansons. Il en compose 14, alors qu'il ne lui en faut que 10. Belle performance pour un homme qui a toujours peiné à écrire. Il faut dire que dans cette Ardèche qu'il chérit tant, il trouve la sérénité, la densité propre à lui permettre d'écrire. Il dira à *L'Humanité* :

— Paris, c'est bien... Pour les vacances. Moi, je suis incapable de composer dans une voiture ou dans une chambre d'hôtel. Je ne suis pas le genre d'homme qui peut travailler n'importe où avec une guitare et un magnétophone... Il me faut un décrochage complet.

Quoi qu'il en soit, lorsque Jean Ferrat aborde la scène de Bobino, il est fin près.

Et, dès le lendemain de sa première, la presse salue le tour de chant de l'artiste.

Il n'est plus question de 25 cm, mais de 30 cm. Plus de place, plus de temps, plus de chansons... Parmi elles, « Je ne chante pas pour passer le temps ».

Si Ferrat n'a pas voulu de ce rôle d'opposant au régime, si cela lui est un peu « tombé dessus », il affirme ici la fonction citoyenne et politique de la chanson telle qu'il la conçoit.

Il est amusant au passage de remarquer que le titre de la chanson est un contrepied à un poème de Louis Aragon chanté par Léo Ferré, « Je chante pour passer le temps ». Magnifique chanson au demeurant, dont les premiers vers sont d'une exquise poésie : *Je chante pour passer le temps/ Petit qu'il me reste de vivre/Comme on dessine sur le givre/Comme on se fait le cœur content/De lancer cailloux sur étang.*

« Je ne chante pas pour passer le temps » réaffirme avec force la conviction profonde de Ferrat que la chanson est un véhicule d'idées, de politique, en plus d'un instrument de la poésie.

Le morceau démarre par une adresse à des gens que, s'ils ne sont pas nommés, l'on reconnaît aisément : *Il se peut que je vous déplaise/En peignant la réalité/Mais si j'en prends trop à mon aise/Je n'ai pas à m'en excuser.*

Voilà pour les programmateurs de radio, de télévision et tous les censeurs français, volontaires ou passifs.

Ferrat poursuit sa chanson en montrant qu'il ne peut être aveugle au monde qui l'entoure, il ne peut faire autrement que de chanter les horreurs qui ont cours sur la planète : *Le monde ouvert à ma fenêtre/Avec sa dulie ses horreurs/Avec ses armes et ses reîtres/Avec son bruit et sa fureur.*

L'horreur est là, sous ses yeux, et il refuse de détourner le regard. Vient ensuite une évocation de deux poètes tués par la folie du monde : *De Lorca à Maïakovski/Des poètes qu'on assassine/ Ou qui se tuent pour quoi pour qui.*

Encore une façon pour Ferrat de prendre de la hauteur, de mettre en avant le symbole, l'universel plutôt que l'actualité.

Il est sans doute d'autres événements que la mort de Garcia Lorca ou le suicide de Maïakovski que le chanteur aurait pu mettre en avant.

Mais il choisit cela parce que tuer la poésie est une métaphore universelle. Vladimir Maïakovski n'était peut-être pas l'exemple le plus évident à mettre en avant, en tout cas pas le plus politique qui soit.

Le poète russe, inventeur du futurisme, a mis fin à ses jours en 1930, en se tirant une balle dans le cœur. L'homme a été un compagnon fidèle et un ambassadeur de la révolution soviétique de 1917, mais la révolution et les hommes qui l'ont portée ne l'ont jamais tout à fait compris.

Il s'est pourtant mis corps et âme au service du mouvement censé apporter l'égalité entre les hommes. Mais, voyant ce que devient peu à peu le mouvement révolutionnaire dans lequel il se reconnaît de moins en moins, Maïakovski est meurtri.

C'est sans doute cela qui le mènera au suicide. La machine soviétique a broyé le poète. Cependant, la lettre qu'il laisse pour expliquer son geste n'en dit rien. Il semble plutôt accuser un chagrin d'amour : *« Le canot de l'amour s'est fracassé contre la vie (courante). Comme on dit, l'incident est clos. Avec vous, nous sommes quittes. N'accusez personne de ma mort. Le défunt a horreur des cancans. Au diable les douleurs, les angoisses et les torts réciproques ! ... Soyez heureux. »* C'est sans doute tout cela à la fois qui a tué Vladimir Maïakovski. Et c'est peut-être pour cette raison que Ferrat le cite dans sa chanson. C'est le monde tout entier, les injustices petites et grandes qui tuent les poètes...

Parmi les autres chansons de l'album, on remarque « La Voix lactée », un titre passablement ironique, brocardant largement le système du vedettariat et la façon dont l'artiste est traité comme un produit de consommation courante : *Avant que mes chansons ne fassent des recettes/J'étais un paria du monde des affaires/Il paraît qu'à présent c'est fou ce qu'on m'achète/Je suis considéré autant qu'un camembert.* Jean se moque ensuite de la rançon de la gloire : *J'étais un bon garçon ni plus fin ni plus bête/Qu'un tas de va-nu-pieds qui n'en font qu'à leur tête/Mais depuis que mon jour de gloire est arrivé/Je dois faire des choses dont j'n'avais pas idée.*

La chanson est drôle. Pourtant, a posteriori on peut y voir ce qu'elle recelait vraiment. Un certain malaise chez Ferrat.

Il n'y a pas que l'aspect commercial, l'achat, il y a aussi le culte de la personnalité. Un an plus tard, il s'exprimera sur le sujet :

— Je ne peux pas m'empêcher de rire quand je vois « vedette » accroché à Ferrat ! Ça me semble tout à fait bizarre et absolument inadapté. [...] Moi je crois qu'il ne faut pas de vedettes, il faut que les gens aillent dans les spectacles, qu'ils aient la possibilité d'y aller, et à tous les spectacles, que ce soient des gens connus ou pas connus.

Faire l'artiste, être profondément ancré à gauche, gagner beaucoup d'argent et bénéficier de l'admiration des foules, tous ces éléments sont, pour lui, difficilement compatibles.

Et ce sentiment ne va pas aller en s'estompant, bien au contraire.

Ce sentiment ne va faire que s'accentuer au fur et à mesure que les années passent et que son succès et sa popularité restent intacts.

Au moment où il assure la promotion du disque, au micro de France Inter il dira :

— Moi, mon métier c'est de faire des chansons ; alors, je trouve que ça n'intéresse personne si je vais jouer au poker ou à la pétanque. Ce n'est pas très indispensable.

« Le Sabre et le Goupillon », qui figure également sur l'album, peut sembler quelque peu anachronique. En effet, c'est une chanson anticléricale et antimilitariste. Au milieu des années 1960, les chansons qui brocardent le clergé sont en effet un peu passées de mode.

Le chanteur-poète aux côtés de Monique Godart
et Georges Brassens (1964).

Juliette Gréco et Jean Ferrat reçoivent
le prix de l’Académie Charles Cros (1964).

Antoine et Jean Ferrat réunis par *Tilt Magazine* (1964).

Jean Ferrat et sa femme Christine Sèvres
devant leur maison à Antraigues-sur-Volane (1965).

Épris de liberté et d'espace, Jean Ferrat est très attaché
à l'Ardèche où il s'installe définitivement.

En concert a l'Alhambra
le 12 janvier 1965.

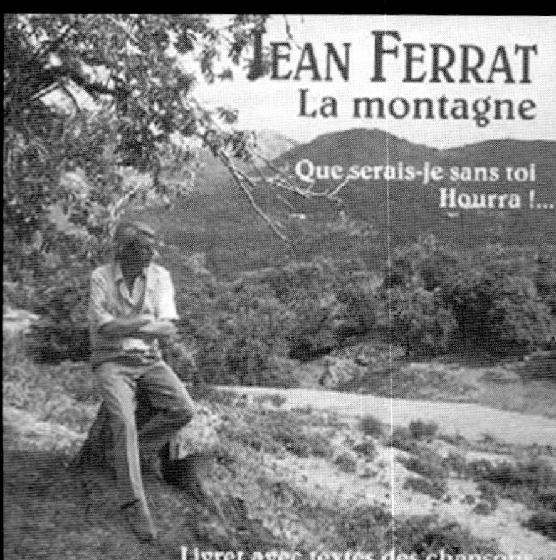

Dans *La montagne*, Ferrat chante l'Ardèche, région chère à son cœur.Cet hommage à la France paysanne reste un de ses plus grands succès.

Jean Ferrat et Corinne Marchand dans les coulisses de Bobino le soir de la première de leur spectacle (1965).

Dans la loge de Léo Ferré qui vient de terminer son récital (1969).

Jean Ferrat et Robert Hue, leader du Parti communiste, lors de l'émission *La marche du siècle* sur France 3 en décembre 1997.

Le chanteur sur son 31 dans l'émission *Speciale Jean Ferrat* sur TF1 (1980).

© Lydie/Sipa

Ferrat qui dénonce le "danger des puissances féodales économiques et financières" montre sa solidarité avec José Bové et les altermondialistes lors d'une conférence dans le Larzac (2003).

Pourtant, on ne peut s'empêcher de penser que, finalement, ici, Jean Ferrat dénonce, de façon détournée et humoristique, une société française qui n'a pas tant évolué que ça et qui est encore engoncée dans ses travers traditionnels, dans sa morale un peu rigide, et possède des classes dominantes qui jouissent de tous les passe-droits. Le premier couplet est particulièrement savoureux : *Comme cul et chemise comme larrons en foire/J'ai vu se constituer tant d'associations/ Mais il n'en reste qu'une au travers de l'histoire/ Qui ait su nous donner toute satisfaction/Le sabre et le goupillon.*

Chansons d'amour aussi, car Ferrat les aime et les chante bien : « C'est si peu dire que je t'aime » et « C'est toujours la première fois ».

Belles interprétations lyriques, chaleureuses de Jean Ferrat dont la voix de velours enchante le public le plus récalcitrant.

Ce nouvel album, premier 30 cm de l'artiste, rappelons-le, joue sur plusieurs gammes et lui permet d'atteindre un public vaste, touché à la fois par l'humanisme et par le romantisme de Ferrat.

17

La Nuit d'Antraigues

Malgré ses nombreuses déconvenues télévisuelles, Jean Ferrat n'est pas banni du petit écran. Il faut rester pragmatique. L'homme est populaire, demandé par le public, il demeure donc une valeur incontournable, synonyme d'audience élevée.

Il est d'ailleurs intéressant de noter comment la télévision, qui commence à entrer dans une vraie logique commerciale, passe sur le contenu des chansons pour faire de l'audience. C'est un des grands paradoxes de cette nouvelle société que Guy – le philosophe – Debord appellera « la société du spectacle ».

Lorsque la contestation est populaire, les médias en ont besoin commercialement parlant pour faire de l'audience et vendre du papier, bref, le capitalisme intègre la contestation à son système, tandis que la contestation a besoin des médias pour se faire entendre.

Un partenariat contre-nature, un jeu de dupes où les deux parties ont le sentiment d'avoir l'avantage sur l'autre.

Cependant, ont peut avancer que, la télévision faisant de la contestation un « spectacle », vide en partie la contestation de son contenu, la rendant ainsi inoffensive. La contestation à la télévision permet, elle aussi, de « vendre à Coca-Cola du temps de cerveau humain disponible ».

Cela dit, en 1966, ce système est seulement en train de se mettre en place, et les choses ne sont pas aussi huilées que de nos jours.

Le 17 février de cette même année, Jean Ferrat, qui a pourtant eu des déboires quelques semaines plus tôt avec l'ORTF, est invité sur le plateau de Guy Lux pour un *Palmarès de la chanson* qui lui est presque entièrement consacré.

Le principe de l'émission est simple. Le chanteur devra interpréter cinq titres, et le public devra élire les trois qu'il préfère.

Là aussi, Guy Lux est précurseur du pseudo-sentiment démocratique qui, aujourd'hui à la télévision, pousse les gens à payer pour voter aux émissions de téléréalité, leur donnant le sentiment qu'ils sont entendus (contrairement peut-être aux « vrais » votes, ceux qui se déroulent dans les urnes, et c'est peut-être la raison pour laquelle les votes SMS pour Kevin, Joanna ou Leslie explosent tandis qu'à l'inverse les isoloirs restent déserts).

Bref, ce *Palmarès de la chanson* voit tout d'abord Isabelle Aubret interpréter cinq pièces de Jean Ferrat : « Deux Enfants au soleil », « On ne voit pas le temps passer », « C'est toujours la première fois », « Les Amants de Vérone », « C'est beau la vie ». C'est ensuite au tour de Jean de se présenter au public avec « du lourd » : « Je ne chante pas pour passer le temps », « Que serais-je sans toi », « Nuit et Brouillard », « La Montagne » et « Potemkine ». L'émission est un beau succès. Donnons pour l'anecdote le résultat des votes du public.

Parmi les chansons interprétées par Isabelle Aubret, c'est la jolie « C'est beau la vie » qui l'emporte ; quant à celles interprétées par Ferrat, c'est « La Montagne » qui remporte le plus de suffrages. Oui, je vous l'accorde, le résultat n'a que guère d'importance...

Mais, à tout le moins, l'émission a eu le mérite de permettre à Jean Ferrat de s'exprimer devant un très large public quelque temps seulement après ses déboires télévisuels.

D'ailleurs, peu après, le chanteur est de nouveau invité sur le plateau de *Télé-Dimanche*.

Les élections passées, il faut croire que le « danger Potemkine » n'est plus d'actualité.

Jean Ferrat y interprétera 10 chansons, pas moins. C'est à croire que les programmateurs avaient quelque chose à se faire pardonner...

En tout cas, l'artiste est autorisé à interpréter la chanson bannie de l'antenne quelques semaines plus tôt, et remporte avec elle un vif succès. Mais Jean ne s'arrête pas là.

Une nouvelle émission lui est entièrement consacrée. Il s'agit de *Seize Millions de jeunes* où il ne sera question que de Ferrat pendant 25 minutes. Conçue en deux parties, l'émission va à la rencontre des jeunes qu'elle interroge sur le contenu des chansons de Jean Ferrat.

Le constat a, de prime abord, quelque chose d'un peu affligeant. Si les jeunes plébiscitent « Nuit et Brouillard » et « Potemkine », ils ne savent pas exactement de quoi parlent ces chansons (surtout la dernière). Interrogé sur les réactions des jeunes, Jean Ferrat accuse un peu le coup, puis parvient à donner une réponse qui a sans conteste un sens :

— Je crois qu'il y a un phénomène de forme qui compte énormément, c'est-à-dire qu'il faut dans certains cas faire passer des choses qui ne passeraient pas s'il y avait une musique autre.

C'est le problème de l'efficacité, qui est prépondérante. Par exemple, j'ai reçu une lettre d'une jeune fille qui me disait : « Monsieur, je vous écris parce que j'ai un frère qui a huit ans et qui aimait jusqu'à présent beaucoup de chansons de Claude François, etc. Et depuis qu'il a entendu «Nuit et Brouillard», il ne jure que par vous ! » Comment expliquer cela ? Cet enfant ignorait absolument tout ce qui s'est passé dans la dernière guerre... Pourquoi ? Parce qu'il y avait une sorte de climat qui l'a impressionné.

Il est amusant de constater que la chanson « Potemkine » n'a pas fait peur uniquement en France. Dans le pays même où se sont déroulés les événements historiques qui sont la base de la chanson, en Union soviétique, le souffle libertaire du texte, l'exaltation de l'héroïsme des fusiliers marins du *Potemkine* dérangent les autorités, au point que Jean Ferrat n'est pas autorisé à se rendre en URSS pour chanter.

— Je venais d'écrire « Potemkine ». L'argument avancé était que mon répertoire était trop intellectuel et difficile à comprendre pour le public d'Union soviétique. Je me suis alors demandé si la révolte contre l'injustice avait toujours cours là-bas.

Ces émissions de télévision viennent appuyer la tournée que Jean est en train d'effectuer à travers l'Hexagone. Mais cela n'empêche pas le chanteur de retourner à Antraigues dès qu'il le peut. La présence de Ferrat dans ce coin d'Ardèche aura d'ailleurs une conséquence imprévisible : de nombreux artistes et comédiens viendront s'installer dans la région : Pierre Brasseur, Lino Ventura, Jacques Brel, Léo Ferré, Isabelle Aubret, et même le sculpteur Alexandre Calder. Il faut dire que ce coin sauvage est parfaitement enchanteur.

Jean aime son village qui lui offre la sérénité et l'épanouissement nécessaires à la création ; aussi, il souhaite « rendre » à Antraigues.

Il organise donc, en lien avec son ami Saussac et le comité des fêtes du village, une « Nuit d'Antraigues » qui aura lieu le 13 août 1966.

L'idée est de rassembler pour un soir tout ce que la région comporte de comédiens et d'artistes célèbres et de les faire se produire dans le village.

Un pari un peu fou, mais qui aboutit à un plateau époustouflant. La première partie s'ouvre sur l'apparition du duo comique Muller et Ferrière, suivis d'un ballet, puis c'est au tour d'Isabelle Aubret de monter sur scène. Jean Ferrat clôt la première partie du spectacle.

Puis Catherine Sauvage enchaîne, suivie de près par son compagnon Pierre Brasseur.

Ensuite, nouveau ballet, chorégraphié par Roland Petit, et enfin, pour couronner le tout, comme une apothéose, Jacques Brel vient clôturer le spectacle, laissant un public médusé, qui n'avait jamais eu l'occasion d'assister à un événement de cette envergure.

Le succès est considérable.

Ce sont 5000 personnes qui viennent écouter les artistes. On parle de 8 kilomètres de bouchon pour accéder au petit village de 500 habitants...

Après cet intermède, il est temps pour Jean Ferrat de se remettre à écrire. Le rythme de l'industrie du disque lui impose de sortir un album par an. Jean supporte d'ailleurs mal ces contraintes.

Il faut écrire un album, l'enregistrer, le promouvoir, tourner sur scène jusqu'au moment de retourner à la table d'écriture pour accoucher d'un nouvel opus.

Mais, faisant contre mauvaise fortune bon cœur, Jean s'attelle à la tâche sans rechigner. L'enregistrement du nouveau 30 cm est prévu pour fin décembre 1966.

Jean accouche dans la douleur de 10 nouvelles chansons. Il écrit les musiques de chacune d'elles, mais ne sera l'auteur que de quatre textes.

Parmi ceux-ci, plusieurs poèmes mis en musique avec, notamment, c'est une première pour Ferrat, un des textes des *Poèmes à Lou* de Guillaume Apollinaire : « Si je mourais là-bas ».

Vers inoubliables écrits en 1915 mettant en balance la guerre et l'amour : *Si je mourais là-bas sur le front de l'armée/Tu pleurerais un jour ô Lou ma bien-aimée/Et puis mon souvenir s'éteindrait comme meurt/Un obus éclatant sur le front de l'armée/Un bel obus semblable aux mimosas en fleurs/Et puis ce souvenir éclaté dans l'espace/ Couvrirait de mon sang le monde tout entier/ La mer les monts les vals et l'étoile qui passe/ Les soleils merveilleux mûrissant dans l'espace/ Comme font les fruits d'or autour de Baratier.*

Des vers tout simplement sublimes... Apollinaire parle de sa mort au front.

Il ne sait pas que trois ans plus tard, ce n'est pas la guerre qui le tuera, mais l'une de ses conséquences directes : l'épidémie de grippe espagnole.

Jean Ferrat accole au texte une mélodie douce et mélancolique qui se marie parfaitement au poème, qui en surligne avec brio l'aspect désespéré.

Suivent deux autres poèmes, d'Aragon ceux-ci. Jean se fait une spécialité de la mise en musique des textes du poète communiste.

Tout d'abord vient une très belle chanson d'amour intitulée « Heureux qui meurt d'aimer ». Un texte qui exalte l'amour encore une fois, horizon indépassable et sublime de la condition humaine : *Ô mon jardin d'eau fraîche et d'ombre/ Ma danse d'être mon cœur sombre/Mon ciel des étoiles sans nombre/Ma barque au loin douce à ramer/Heureux celui qui devient sourd/Au chant s'il n'est de son amour/Aveugle au jour d'après son jour/Ses yeux sur toi seule fermés.*

L'autre poème emprunté à Aragon, « Un jour, un jour », est beaucoup plus politique et philosophique.

On retrouve ici la répétition de « J'entends, j'entends », ce qui n'est sans doute pas un hasard. On peut voir « Un jour, un jour » comme le pendant optimiste de « J'entends, j'entends ».

Si ce dernier texte donne une image finalement assez désespérante de la capacité de l'humain à s'extraire de sa condition, « Un jour, un jour » est un chant d'espoir.

Certes, le monde est terrible, incertain ; certes, on tue les poètes comme on fauche une fleur, mais un jour, un jour... *Et cette bouche absente et Lorca qui s'est tu/Emplissant tout à coup l'univers de silence/Contre les violents tourne la violence/Dieu le fracas que fait un poète qu'on tue/Un jour pourtant, un jour viendra couleur d'orange/Un jour de palme, un jour de feuillages au front/Un jour d'épaule nue où les gens s'aimeront/Un jour comme un oiseau sur la plus haute branche.*

D'autres chansons viennent compléter cet album de très bonne tenue. Nous citerons entre autres « Un enfant quitte Paris » qui permet à Ferrat d'exprimer son dégoût de plus en plus marqué des villes : *Ce vacarme infernal/Ça casse les oreilles/Il a dit les autos/Les camions le métro/*

Les usines les radios/Les bennes les marteaux/Un enfant quitte Paris/Il s'en va vers des merveilles/ Les merveilles de ces pays/Où l'oiseau fait encore son nid.

On évoquera également « Alléluia », sympathique variation sur la question de l'enterrement. Un texte drôle qui rappelle un peu « Les Funérailles d'antan » de Georges Brassens : *Pour peu que le De Profundis/Arrive un quart d'heure en retard/On est au huitième pastis/À la sortie du corbillard/Et sur la route cahoteuse/Comme il n'est pas loin de midi/On se sent bientôt la dent creuse/La mort vous met en appétit.*

C'est à nouveau Brassens qui est à l'honneur dans une chanson intitulée « En groupe, en ligue, en procession ». Il s'agit là de s'opposer à la vision très individualiste de l'interprète de « Gare au gorille ».

En effet, ce dernier, anarchiste à tout crin, ne croit pas aux solutions collectives.

Il est convaincu que le regroupement d'individus ne peut être que bête.

La foule est forcément stupide pour Brassens. Ferrat lui répond avec cette chanson : *De grèves en révolutions/Je n'ai fait que penser aux autres/ Pareil à tous ces compagnons/Qui de Charonne à la Nation/En ont vu défiler parole/Des pèlerines et des bâtons/Sans jamais rater l'occasion/*

De se faire casser la gueule. Si les deux hommes ont des visions opposées, ils se respectent et s'apprécient.

On signalera une chanson tout à fait surprenante, intitulée « La liberté est en voyage », qui est une longue énumération un peu surréaliste dont on a du mal à comprendre la finalité.

On croirait du Queneau, et pourtant, à l'écoute, on sent bien qu'un message est enfoui quelque part dans le texte : *Avec le pingouin mauve/ Qui mange les méchants/Les penseurs aux yeux chauves/Les Ma Sœur bien-pensant/Avec un crocodile/Oui berce les enfants/Avec indélébile/ Qui marque jusqu'au sang/Fermez vos grilles fermez vos cages/La liberté est en voyage.*

On peut, en cherchant bien, voir dans cette frénésie d'images et surtout dans le refrain (*Fermez vos grilles et vos grillages/La liberté est en voyage*), un enthousiasme protestataire, une contestation joyeuse de la vie et la société telles qu'elles existent en 1966.

Il est fort à parier que ce texte recèle quelque chose de l'esprit qui soufflera sur le mois de mai 1968. Revendication, imagination, poésie...

« Pauvre Boris », qui clôt l'album, est un morceau assez désabusé. Le principe est une adresse à Boris Vian, le prenant à témoin d'un monde qui ne change pas, où les guerres et la bêtise dominent toujours.

Ici, Jean Ferrat nomme clairement les choses : la guerre du Vietnam, le succès de Richard Anthony qui interprète « Le Déserteur », chanson interdite en 1954, devenue un succès au moment où elle a perdu sa force et sa signification. « Pauvre Boris » est un constat amer et révoltant, chanté sur un ton mélancolique.

Un beau moment d'émotion qui dénonce aussi, finalement, le phénomène dont nous parlions précédemment : la capacité du système à englober la contestation, à la récupérer, la digérer pour en faire un produit de consommation courante.

La chanson la plus intéressante sur ce nouvel opus est sans doute « Maria », car elle défend une vision plutôt inhabituelle chez Ferrat.

En effet, le morceau parle de la guerre d'Espagne et raconte l'histoire de deux frères qui se retrouvent dans deux camps opposés, les rouges d'un côté, les blancs de l'autre.

Alors qu'on s'attendrait à voir le chanteur prendre clairement parti pour les rouges, la chanson adopte en fait le point de vue de Maria, la mère des deux frères : *Si vous lui parlez de la guerre/Si vous lui dites liberté/Elle vous montrera la pierre/Où ses enfants sont enterrés.* Positionnement curieusement pacifiste pour l'interprète de « Potemkine ».

Mais ici, c'est sans doute l'histoire poignante d'une mère qui prime sur l'idéologie.

Maria est un roman déchirant de trois minutes et neuf secondes.

Reprenant le cycle imposé par l'industrie du disque, une fois l'album sorti, il est temps pour Jean Ferrat de remonter sur scène.

18

Bobino, nouveau succès

Début 1967, Jean Ferrat investit à nouveau Bobino, un lieu qui lui réussit. Il restera à l'affiche trois semaines, et la salle sera bondée chaque soir. Jean a cependant toujours une appréhension avant de monter sur scène. Il confiera à un journaliste :

— À chaque retour à Paris, j'ai l'impression de passer un examen. Ça me rend nerveux. Heureusement, ça ne dure pas, je sens vite les réactions du public et je n'ai plus peur de lui.

Ferrat a gagné le cœur du public ; mieux, il s'est constitué lui-même, grâce à son style, sa personnalité, son propre public, des fidèles qui suivent sa carrière et sa progression. Ferrat s'améliore au fur et à mesure des albums, affirme ses positions désormais clairement, affiche ce qu'il pense et le dit haut, fort et avec poésie.

C'est un artiste à part, et le public le sent bien. La presse sera quasi unanime sur la prestation du chanteur à Bobino.

Un bémol notable cependant : *Le Monde*, sous la plume de Claude Fléouter, opère une descente en flammes du tour de chant. *« La plupart des textes sont faibles et manquent de souffle poétique »*, *« voix lente et traînante »*, *« somnifère »*... Tout l'article est à l'avenant.

On peut cependant supposer que cette critique extrêmement sévère n'a en réalité que peu à voir avec la performance scénique de Jean Ferrat. Depuis « Potemkine » notamment, Ferrat est estampillé « communiste », une étiquette qui, ce n'est pas inattendu, ne plaît pas à tout le monde. Il faut dire qu'être communiste en 1967 n'a rien d'anodin.

La situation aussi bien nationale qu'internationale est extrêmement tendue. En France, au mois de mars, des élections législatives vont donner des suées à Charles de Gaulle.

En effet, la gauche réalise une poussée extraordinaire. Les communistes prennent 73 sièges (contre 41 précédemment), les socialistes (qui ne sont pas encore constitués en parti, mais qui sont regroupés sous la bannière Fédération de la gauche socialiste) passent de 91 à 116 sièges et le parti gaulliste ne conserve la majorité que pour deux petits sièges puisqu'il remporte 244 sièges sur les 486 de la chambre des députés.

Il s'en est fallu de peu que ne prenne place la première cohabitation... Cette poussée de la gauche est significative, deux ans après la réélection du général de Gaulle, et préfigure sans aucun doute les événements qui vont bouleverser la France un an plus tard.

La situation internationale est pour le moins inquiétante.

Outre la guerre du Vietnam qui semble ne pas devoir trouver d'issu, un coup d'État en Grèce met des militaires au pouvoir. S'instaure alors ce que l'on appellera la dictature des colonels, un régime autoritaire, implacable, qui étouffe le pays sous son joug et mène une répression sanglante.

Cette dictature va rester en place sept ans et marquera durablement la vie politique grecque. Les clivages qu'a engendrés le régime des colonels pèsent encore aujourd'hui de tout son poids sur les tensions entre la gauche et la droite dans ce pays.

Mais l'événement majeur de cette année est très probablement la guerre-éclair lancée par Israël contre ses voisins égyptiens. C'est la fameuse guerre des Six Jours, dont les conséquences vont bousculer l'équilibre géopolitique de la région.

Le drame se noue lorsque la Syrie dénonce des pompages israéliens dans le Jourdain et elle-même commence à détourner les eaux du fleuve. Le 7 avril 1967, l'aviation israélienne abat six *Mig-21* syriens.

Le président égyptien Nasser, qui traverse une mauvaise passe suite à l'embourbement de ses troupes au Yémen, tente de se refaire une virginité en dénonçant à son tour Israël.

Il exige le retrait des soldats de l'ONU stationnés dans le Sinaï depuis l'opération de Suez de 1956, réoccupe Gaza et Charm el-Cheik et surtout bloque le golfe d'Akaba, seul débouché maritime d'Israël sur l'océan Indien.

Le 1er juin, le Premier ministre israélien Lévi Eshkol forme un gouvernement d'union nationale avec le général Moshe Dayan, héros de la guerre de 1956, et le chef de la droite dure, Menahem Begin.

Le 5 juin à l'aube, l'aviation israélienne, bien renseignée, détruit au sol la totalité de l'aviation égyptienne. L'armée israélienne peut dès lors se lancer dans le désert du Sinaï.

Les troupes égyptiennes se débandent dans un sauve-qui-peut général et meurtrier.

Beaucoup de soldats périssent de faim et de soif dans le désert.

Pendant ce temps, le roi Hussein de Jordanie, manipulé par les Égyptiens, laisse son armée bombarder la partie juive de Jérusalem. Israël contre-attaque sans attendre.

Il faudra au total trois jours à l'armée israélienne pour atteindre le canal de Suez et quatre pour atteindre les rives du Jourdain.

Plus rude est la conquête de la partie arabe de Jérusalem, confiée à des parachutistes pour épargner les vestiges archéologiques et les édifices religieux.

La Légion arabe du roi Hussein résiste vaillamment et les combats se déroulent souvent au corps à corps.

Israël ne veut pas s'arrêter en si bon chemin, avec le risque, comme en 1956, de perdre la paix après avoir remporté la guerre.

Le 9 juin, l'armée israélienne monte à l'assaut du Golan, le plateau syrien d'où l'artillerie ennemie est en mesure de bombarder impunément les plaines de Galilée.

Deux jours après, enfin maître du terrain, Tel-Aviv accepte un cessez-le-feu.

La guerre aura duré moins de six jours, se soldant par un triomphe sans égal du petit État hébreu et une nouvelle humiliation des Arabes.

Bref, le monde est en ébullition. Les mouvements marxistes de libération en Amérique latine commencent à s'organiser, et Fidel Castro a accueilli quelques mois plus tôt la Conférence des trois continents à La Havane, où se sont rendus de nombreux délégués de gouvernements ou de mouvements révolutionnaires d'Asie, d'Afrique et d'Amérique.

Le tiers-monde cherche à s'organiser pour échapper à l'hégémonie des deux grands (USA et URSS) et tenter de trouver une voie qui lui serait propre.

À l'issue de cette conférence, la capitale cubaine est choisie pour être le siège de l'Organisation tricontinentale de solidarité des peuples. Le but de cette nouvelle institution est de coordonner l'action des différents groupes révolutionnaires marxistes-léninistes.

C'est une manière pour les pays pauvres en lutte de tenter de s'émanciper de la tutelle exercée sur toutes les guérillas du monde par l'Union soviétique et la Chine populaire. Une tentative incroyablement audacieuse si l'on prend en compte le fait que ces deux pays ont les moyens d'aider largement les mouvements révolutionnaires à travers le monde, et que tel est leur intérêt dans une situation géopolitique bipolaire.

Ce désir d'émancipation, c'est surtout à Fidel Castro qu'on le doit. L'homme de La Havane est parvenu à devenir une figure prépondérante du communisme international alors qu'il dirige un pays minuscule.

Mais son charisme est immense et, de plus, son aura ne cesse de grandir à mesure qu'il tient tête aux Américains.

À quelques encablures à peine de leurs côtes, les États-Unis doivent souffrir la présence d'un État socialiste, pour la bonne et simple raison que personne n'est parvenu à déloger Castro du pouvoir malgré les multiples tentatives.

Il est amusant de noter qu'un documentaire a paru aux USA en 2006, intitulé *638 Ways to Kill Castro*[1].

Le réalisateur affirme que c'est le nombre de scénarios qui ont été envisagés par la CIA pour venir à bout du Lider Maximo.

Parmi les scénarios les plus fous, on trouve notamment : charger une des maîtresses de Castro de le tuer à l'aide de pilules empoisonnées, plongées dans un pot de crème hydratante ; piéger un de ses cigares à la TNT, profiter de sa pratique de la plongée sous-marine pour bourrer d'explosifs un mollusque caribéen rendu particulièrement attirant par l'application d'une peinture de

1. 638 façons de tuer Castro.

couleur vive, etc. Si l'on en croit le documentaire, Castro est un rescapé.

Quoi qu'il en soit, l'aspect Astérix des Caraïbes, résistant encore et toujours à l'envahisseur, séduit particulièrement Jean Ferrat, qui a le sentiment, après avoir accepté le fait que l'Union soviétique n'avait rien du paradis socialiste, qu'une expérience intéressante est en train de se jouer sur l'île de Cuba.

Le chanteur décide donc d'aller y voir de plus près. Il sollicite un visa de tourisme, comme tout un chacun, mais les autorités lui proposent de venir se produire dans le pays.

Jean hésite. Il a surtout besoin de vacances et n'a pas tellement envie de partir au soleil pour donner des concerts.

Il racontera :

— On avait pourtant tout fait pour les décourager ! Mais rien ne les dissuadait ! Ils tenaient absolument à ce que je chante à Cuba. Les musiciens, les bagages, la sono, les femmes des musiciens, on a cherché tous les arguments possibles pour les dissuader ! Mais ils acceptaient tout ! Il n'y a rien eu à faire ! Il a fallu que j'y aille... Finalement, on s'est retrouvés embarqués un beau jour dans l'avion, les musiciens, la sono, les femmes, les bagages, le sonorisateur et tout le bazar, c'était formidable ! On a eu un grand accueil, parce que j'étais le premier chanteur occidental qui allait chanter à Cuba. Mais j'étais aussi inquiet parce que c'était aussi le premier pays non francophone où je devais chanter, et je me demandais ce que ça allait donner.

C'est justement ce que nous allons voir...

19

Chez Castro

Le 18 mai 1967, c'est un Jean Ferrat accompagné de son épouse Christine Sèvres, de son producteur Gérard Meys et de ses musiciens qui débarque à l'aéroport d'Orly pour s'envoler vers La Havane.

Mais gagner Cuba à cette époque n'est pas une mince affaire. Pas de ligne directe et un long voyage de 22 heures en perspective. Première escale à Prague où Jean fait de la figuration au débotté :

— Passant par Prague, j'ai fait à l'aéroport de la figuration imprévue dans un film télé franco-tchécoslovaque que tournaient Pascale Audret et Jean-Claude Drouot.

Nouvelle escale à Dublin, puis à Terre-Neuve avant d'arriver enfin, épuisé, à La Havane, le 20 mai.

La première impression est celle d'avoir affaire à un pays en guerre ou en état de siège. Les militaires sont partout, gardent jusqu'aux stations de taxis, et c'est un ministre de la Culture arborant un pistolet à la ceinture qui reçoit Jean et son épouse pour le dîner.

Le pays est vraiment sous tension. Mais, nous l'avons dit précédemment, la menace que font peser les États-Unis sur la petite île des Caraïbes est constante. Malgré tout, Jean est bien accueilli, bien qu'un peu surpris par l'ambiance qui règne.

Le petit groupe de Français va être pris en charge par un officiel nommé Sotomayor, qui a la responsabilité d'organiser le séjour de ces touristes un peu à part. Sotomayor va adjoindre à Jean et à sa petite troupe une interprète du nom de Sonia qui ne les lâchera pas d'une semelle.

Le chanteur et son entourage seront d'ailleurs transportés d'un endroit à un autre dans une Cadillac ayant appartenu à l'ancien dictateur Batista, sans avoir jamais la possibilité de se retrouver seuls, ni d'avoir de réel contact avec la population.

Difficile dans ces conditions de se rendre réellement compte de ce que représente véritablement l'expérience cubaine.

C'est trois jours après son arrivée sur le sol cubain que Jean va donner son premier concert devant le public caribéen. Le tour de chant a lieu au théâtre de La Calzada à La Havane.

Les autorités n'ont pas fait les choses à moitié. Les spectateurs se voient remettre, avant le début du récital, une brochure contenant la traduction des chansons que Jean Ferrat s'apprête à interpréter...

Vif succès auprès d'une foule enthousiaste. Les disques de Ferrat étant distribués à Cuba, une partie du public connaît même certaines chansons, ce qui ne manque pas de surprendre agréablement le chanteur. Une belle première au pays de la salsa pour Jean.

Le 25, c'est à Santiago de Cuba que se produit Ferrat. Fidel Castro a mis à la disposition du chanteur son avion personnel pour lui permettre de se déplacer plus rapidement et surtout plus confortablement. Le Lider Maximo sait recevoir...

Avec ce deuxième concert, on va friser l'émeute, au grand étonnement de Jean qui écrit dans les colonnes de *France Soir* à qui il a envoyé un papier : « *Les militaires appelés d'urgence bloquent toutes les issues. Toutes les vitres de la façade ont été brisées. Quand je chante, les filles – sur la scène – hurlent comme si j'étais les quatre Beatles à moi tout seul. J'ai cru qu'elles allaient me mettre en pièces.* » On est ici bien loin de l'atmosphère feutrée qui prévaut à Bobino... Il faut dire que la salle est remplie bien au-delà de sa capacité, comme l'expliquera Jean :

— À Santiago, la salle était de 2000 places, mais le jour où j'y suis allé, il y avait 3000 personnes à l'intérieur. Alors là, ça a été absolument fantastique. C'était le délire, surtout pour les trucs rythmés. Une ambiance folle.

S'il ne parvient pas vraiment à avoir accès à la population, Jean rencontre tout de même des musiciens avec lesquels il fait le bœuf dans une boîte nommée La Pena de Serique.

Là, Jean passe une soirée arrosée en compagnie de Chu Chu Valdez, Paquito de Rivera et Los Papines.

Le reste du séjour va se diviser de façon à peu près équitable entre concerts et voyage d'agrément.

Une expérience unique pour Jean, qui décide de ne pas rentrer tout de suite à Paris. Mettant son épouse et son équipe dans l'avion, il s'envole de son côté pour le Mexique avec Gérard Meys.

La parenthèse mexicaine enchantera Jean qui en reviendra avec une moustache. Normal pour qui a séjourné au pays de Zapata et de Pancho Villa.

Une fois son escapade terminée, Jean retourne à La Havane pour y célébrer la fête nationale qui a lieu le 26 juillet. Ce jour-là, Fidel Castro fait son traditionnel discours-fleuve devant une immense foule amassée devant lui.

Le Lider Maximo parle pendant six longues heures. Ce que Jean voit et entend l'enthousiasme.

Les Cubains n'hésitent pas à interrompre leur chef pour lui dire qu'ils ne sont pas totalement d'accord avec lui et exprimer leur opinion. Castro, parfois, répond et argumente, parfois se tourne vers ses ministres, entre en conciliabule pour revenir derrière le micro et reconnaître que le citoyen a peut-être raison.

Avec ce que l'on sait aujourd'hui du régime castriste qui s'est enkysté au long du temps dans un régime autoritaire et liberticide, ce type d'événement ne prête pas à sourire.

On y voit une façade mensongère. Il n'est cependant pas difficile de comprendre que Jean Ferrat, pris dans l'ébullition d'une révolution encore jeune et, surtout, voulant croire à cette révolution, se soit enflammé pour le modèle cubain.

Pourtant, il n'a pas pu rencontrer Fidel Castro en personne.

Cela aurait dû arriver, mais les circonstances en ont voulu autrement :

— Il m'a cherché une nuit folle où l'on était logés dans des cases perdues dans la jungle et il ne m'a pas trouvé. Heureusement, parce que j'étais mort. J'étais cuit. On menait une vie difficile, la rencontre n'aurait pas été... enfin, pour moi elle aurait été difficile.

Le chanteur ne rencontrera pas non plus Ernesto « Che » Guevara qui a quitté l'île depuis quelque temps déjà. Le révolutionnaire le plus célèbre du monde a préféré démissionner du gouvernement de Fidel Castro pour aller mener d'autres combats.

Il sera abattu le 8 octobre 1967 en Bolivie, à La Higuera, la CIA mettant ainsi fin à l'existence de l'homme, mais ouvrant la voie à la création d'un mythe...

Jean rentre donc en France des images, de l'enthousiasme et de la musique plein la tête. Il dira, un an plus tard, lors d'un entretien :

— À mon avis, c'est ce qui se passe de plus important dans le monde à l'heure actuelle ; je veux parler de cette tentative qui est un véritable défi – et qui est le grand rêve de l'homme après tout – qu'ils essaient de faire à Cuba ! Je ne sais pas ce que ça donnera [...], en un mot, c'est tout simplement d'abolir la civilisation de l'argent.

Le voyage à Cuba a été une révélation et va fortement marquer de son empreinte son prochain album, qui paraîtra en décembre 1967.

Il va changer très sensiblement la vision que Ferrat a de son métier. Ses chansons vont s'ancrer beaucoup plus ouvertement dans le temps présent, dans l'actualité.

Trois chansons feront directement référence à l'aventure cubaine de Jean. Il s'agit de « Cuba si », « À Santiago » et « Les Guérilléros ».

La première de ces chansons ouvre l'album. Curieusement, elle a été donnée à Jean Ferrat par Henri Gougaud avant son départ pour Cuba. Il dira d'ailleurs à ce propos :

— Finalement, je n'ai pas eu à la changer ; elle collait très bien avec ce que j'ai entendu là-bas. À la vérité, ça m'ennuyait un peu qu'il m'ait donné ce texte-là avant que je ne parte, parce que je me disais : « Probablement que j'aurai envie d'écrire quelque chose sur ce thème en revenant », et je l'aurais sûrement fait. Mais je ne regrette rien, parce que c'est une chanson que j'aime.

« Cuba si » est un texte assez réussi, comparant la condition des Noirs aux États-Unis et à Cuba : *Il dit j'ai vu Harlem il dit j'ai vu New York/Et noir j'avais si peur devant les chiens à nègres* [...] *Et maintenant Cubain pauvre comme Cuba/Je suis libre et ma femme a la couleur du sable/S'il n'y a rien à manger on danse la conga/Mais les chiens restent sous la table.*

Une chanson à la fois humaniste et antiaméricaine qui fonctionnerait bien, ne serait-ce la musique absolument ratée, molle, égrillarde qui accompagne le texte.

Il est rare de voir, chez Ferrat, une telle différence entre la force des mots et la musique. Jean a toujours à cœur de doser parfaitement le mariage entre les deux.

Ici, c'est, de l'avis de l'auteur des présentes lignes, un ratage archi-complet. Un ratage d'autant plus exaspérant qu'encore une fois, une belle force poétique se dégage des paroles.

La deuxième chanson « cubaine » de l'album, « À Santiago », est plus réussie sur le plan musical, mais ressemble à une carte postale pittoresque, à des souvenirs de vacancier en goguette : *Un sombrero fantastique/Un cigare astronomique/ La musique la musique/Et moi qui danse comme une barrique.*

Cela dit, le caractère entraînant de la musique et la bonne dose d'autodérision (chaque fin de couplet se termine par un hilarant *Et moi qui danse comme, un troène, une soupière, une saucisse*) rendent la chanson à la fois agréable à l'oreille et sympathique.

Le décalage du touriste dans un univers qu'il aimerait pouvoir appréhender pleinement, mais qui lui échappe (ici par la danse).

Le dernier morceau inspiré de l'île révolutionnaire ne parle pas uniquement de Cuba. Intitulée « Les Guérilléros », la chanson est un hommage vibrant à la figure romantique du révolutionnaire : *Avec leurs barbes noires/Leurs fusils démodés/ Leurs treillis délavés/Comme drapeau l'espoir/*

Ils ont pris le parti/De vivre pour demain/Ils ont pris le parti/Des armes à la main. La figure du Che est là. Elle plane sur ce chant qui exalte le courage et les idées généreuses de ces hommes. Les guérilléros qui luttent dans les maquis d'Amérique latine sont la version moderne des fusiliers du *Potemkine*...

Belle chanson, belle rage. Un Ferrat explicite, engagé, dont les mots peuvent faire courir un frisson à l'échine de qui est sensible à cette mythologie.

Le reste de l'album comporte de très bons morceaux.

Hors les incontournables chansons d'amour (« Ce qu'on est bien mon amour », par exemple) figurent des pièces plus critiques, plus acerbes. L'une d'entre elles, intitulée « Prisunic », rappelle quelque peu la célèbre « Complainte du progrès » de Boris Vian et son énumération aussi inoubliable que farfelue (*Un frigidaire/Un joli scooter/Un atomixer/Et du Dunlopillo/Une cuisinière/Avec un four en verre/Des tas de couverts/Et des pell' à gâteau*).

La musique de « Prisunic » a quelque chose de décontracté, relâché, de même que l'interprétation de Ferrat.

Le chanteur met une belle distance ironique dans ces mots : *Ô vendeuses chéries en matière plastique/Prenez mon plasti-cœur et mes plasti-*

baisers/Puis nous nous coucherons dans l'herbe synthétique/Nous ferons des enfants à l'âme triphasée.

Prisunic est une critique amusante et cruelle de la société de consommation et d'un certain type de progrès.

Mais s'il est une chanson qui ressort de l'album, c'est bien « Pauvres petits c... » Non pas que la chanson soit un chef-d'œuvre, assez loin de là, mais l'attaque contre un groupe précis n'a jamais été aussi frontale.

Dans ce texte, Ferrat s'en prend aux enfants de bourgeois qui, s'ils se racontent qu'ils sont contestataires, finiront par voter comme leurs pères.

La charge est lourde, sévère ; il faudra sans doute attendre Renaud et son « Étudiant, poil aux dents », pour retrouver un tel brûlot : *Fils de bourgeois ordinaires/Fils de Dieu sait qui/Vous mettez les pieds sur terre/Tout vous est acquis/ Surtout le droit de vous taire/Pour parler au nom/ De la jeunesse ouvrière/Pauvres petits c.../De la jeunesse ouvrière/Pauvres petits cons...*

À noter que Ferrat utilise presque le même procédé que Jacques Brel avec ses « Bourgeois ».

Le mot « con » reste en suspens une première fois, puis il est prononcé deux vers après, mais avec une voix de basse si grave qu'elle fait penser à une corne de brume, à tel point qu'il faut tendre l'oreille pour entendre distinctement le mot prononcé. « Pauvres petits c... » ne soulèvera pas l'enthousiasme des foules.

La charge est sans doute trop forte, trop brutale, et elle vient un peu tôt.

Les événements de 1968 ne sont certes qu'à un jet de pierre, mais l'opinion n'y est pas encore. Elle y viendra...

20

1968, ou l'espoir

À la fin de l'année 1967, Christine Sèvres part en tournée avec Georges Brassens. L'espoir de voir enfin son immense talent reconnu se fait à nouveau jour.

Jean, de son côté, repart en tournée dès le mois de février 1968. Il ne se doute pas encore de ce qui va arriver dans les mois à venir. Très absorbé par son métier, ses galas, sans doute ne voit-il rien venir. Il ne sera pas le seul.

Depuis des mois déjà, pourtant, quelque chose bouge dans la société française.

La jeunesse s'ennuie, en a assez d'être infantilisée, assez qu'on lui dise comment elle doit se comporter, assez de n'avoir pour horizon que l'avenir tout tracé que la bonne santé économique du pays lui réserve. C'est, comme souvent, sur des revendications somme toute assez futiles que va démarrer le mouvement.

Il est question, à Nanterre, de demander à ce que les filles puissent accéder aux dortoirs des garçons... Cela peut paraître anodin, voire drôle, mais c'est souvent sur des revendications liées à la trivialité du quotidien que prennent forme les grands mouvements populaires.

Et, si l'on y réfléchit bien, c'est somme toute assez logique. De plus, cette revendication n'est finalement pas si anodine que ça...

Les années d'après-guerre ont mis la jeunesse en avant, les marchands l'ont chouchoutée, lui ont offert un mode de vie censément plus libre, en tout cas libéré de nombre des contingences matérielles qu'avaient subies les générations précédentes.

Ce sentiment de liberté n'est en réalité qu'un confort matériel. Et la jeunesse, qui s'est laissé berner par les années yéyé et son contingent d'imbécillités, a fini par se réveiller.

On lui a fait croire que son mode de vie était différent de celui de ses parents. Pourtant, la société reste régie par les mêmes règles.

Et la question de la sexualité est bien entendu au cœur de ces préoccupations... Bref, sans pour autant porter cette histoire de dortoir comme un noble étendard, il est facile de comprendre qu'elle n'avait rien de ridicule.

D'autant que cette revendication va en appeler d'autres. D'abord propres au système universitaire.

Le mouvement dit du 22 mars se préoccupe de sélection à l'entrée de l'université, d'équivalence entre anciens et nouveaux diplômes, bref, de choses qui peuvent sembler plus « sérieuses », mais qui sont finalement plus circonscrites et moins symptomatiques.

Très rapidement, c'est l'effet boule de neige. Les facultés parisiennes se mobilisent, organisent des assemblées générales, la jeunesse commence à devenir trop remuante.

Le 3 mai, un meeting tenu en Sorbonne par des étudiants est évacué manu militari par la police. L'intervention des forces de l'ordre se solde par des arrestations et quelques blessés.

Ce sera la goutte d'eau. Les étudiants survoltés finiront par exploser le 10 mai au cours d'une nuit d'émeutes où des barricades sont dressées, puis balayées par les CRS qui blesseront au passage un millier de manifestants dont une bonne partie gravement.

Le président du syndicat des enseignants du supérieur, Alain Geismar, décide de soutenir les manifestants.

Les membres du Parti communiste et de certaines organisations d'extrême gauche sont d'abord pris de court : pour eux, la révolution est censée venir des ouvriers et non des étudiants ; de plus, les revendications avancées par les étudiants leur paraissent « puériles » et « petites-bourgeoises ».

Après un moment de flottement, ils essayent toutefois de gagner les ouvriers à cette « révolte ». La CGT, pour sa part, ne les suit pas. Mais la base de ces organisations traditionnelles de gauche dépasse leurs responsables.

Face à la répression policière, la population (y compris les professeurs) a tendance depuis les premiers jours à prendre majoritairement fait et cause pour les étudiants.

À l'aube, syndicats et partis appellent à une démonstration de solidarité pour le surlendemain.

Le 11 mai, le Premier ministre Georges Pompidou cède aux revendications des syndicats étudiants et ordonne la réouverture des universités.

Le lundi 13 mai, une immense manifestation traverse Paris. On parle d'un million de manifestants. La préfecture de police n'en concède même pas 200 000.

Les syndicats, avec en tête la CGT, espèrent, avec cette manifestation symbolique, empêcher que les troubles dans le milieu universitaire ne contaminent les ouvriers.

Ils voient d'un mauvais œil la montée en puissance de ce mouvement spontané et incontrôlable par eux et qui n'obéit pas aux slogans habituels.

Finalement, l'enterrement espéré par les syndicats va déboucher sur une crise qui va devenir politique et sociale, à la suite de la politisation de la Sorbonne, rouverte sur ordre de Pompidou.

Elle se transforme en université populaire et va devenir, de façon éphémère, le foyer central de la contestation, mais surtout à partir du débrayage général qui commence le 14 mai à l'usine Sud-Aviation à Bouguenais, puis va s'étendre petit à petit à tout le pays.

L'appel également lancé de la Sorbonne le 16 mai par le comité d'occupation pour le siège immédiat de toutes les usines en France et la formation des conseils ouvriers suscite les craintes des autorités (communiqué de 19 heures de Pompidou).

Charles de Gaulle semble ne pas réellement prendre le mouvement au sérieux et laisse son Premier ministre s'en occuper.

Sans mot d'ordre aucun, et à la surprise des responsables de chaque camp, la grève générale symbolique prévue pour le 13 mai ne s'arrête pas à ce jour-là. Le mouvement ne fait au contraire que s'étendre rapidement dans le courant du mois : c'est la première grève générale sauvage de l'histoire.

Des grèves et occupations d'usine spontanées se multiplient donc jusqu'à la mi-mai.

La première a lieu à l'usine Sud-Aviation Bouguenais, le 14 mai, avec 2682 salariés. Le 22 mai, 10 millions de salariés ne travaillent pas (en grève ou empêchés de travailler).

Les syndicats, débordés dans le déclenchement de cette grève surprise, reprennent petit à petit la tête du mouvement.

L'acceptation par les « grévistes sauvages » de l'autorité de leurs syndicats de tutelle va immobiliser la grève dans une situation de statu quo qui va perdurer jusqu'au 30 mai. Les portes des usines se referment devant les manifestations des étudiants venus défiler à Billancourt, au grand dam des « gauchistes » qui rêvent d'une union sacrée entre intellectuels et ouvriers.

Mais les ouvriers eux-mêmes se méfient de ces étudiants gauchistes qu'ils identifient à la classe montante de leurs dirigeants actuels. Ces jeunes que Jean Ferrat vise explicitement dans « Pauvres petits c... »

Cependant, dans tout le pays, la parole se libère et devient pour quelques semaines la raison d'être des Français. Enthousiasmé ou catastrophé, dubitatif ou méditatif, chacun selon sa sensibilité participe ou observe.

Des dialogues intenses se nouent dans les rues, entre inconnus, et à travers les générations.

La situation étant visiblement trop dangereuse pour lui, avec notamment la nuit du 24 qui a pris un tour insurrectionnel, le PCF, par l'intermédiaire des syndicats, accueille avec bienveillance la proposition de Pompidou de concertation pour obtenir au plus vite (mais pas à n'importe quelle condition), par la concession d'avantages quantitatifs, des travailleurs la reprise du travail.

Les accords de Grenelle négociés entre Georges Pompidou, le patronat et les syndicats laissent croire un moment à la reprise en échange de nouveaux acquis sociaux.

Pourtant, le mouvement de grève s'approfondit, s'ancre et devient politique.

Alors que le général de Gaulle apparaît flottant et dépassé, une alternative semble s'esquisser non sans mal à gauche.

François Mitterrand, candidat malheureux à la présidentielle de 1965, mais qui bénéficie tout de même d'une certaine aura pour avoir mis le général en ballottage, propose de former un gouvernement provisoire qui serait dirigé par Pierre Mendès France.

Le Parti communiste est bien entendu dubitatif. Cependant, menacé d'être débordé, désespérant de sauver le gaullisme avec qui il est lié depuis la Résistance, et s'apprêtant, à contrecœur, mais aussi sans aucune autre solution de rechange, à lui succéder au pouvoir, il fait défiler ses troupes en bon ordre le 29 dans un Paris désert pour exiger un « gouvernement populaire » aux contours imprécis, dont il serait toutefois une partie prenante essentielle.

La France semble prête à basculer dans un nouveau régime, personne ne croyant, à ce moment précis, au retour du général aux affaires.

C'est justement ce 29 mai qu'au plus fort de la contestation, De Gaulle disparaît pendant plusieurs heures, à la surprise générale. Sans prévenir personne, il va consulter le général Massu en Allemagne. Veut-il s'assurer symboliquement du soutien de l'armée, dont nul ne souhaite en réalité l'intervention ? Veut-il déconcerter l'adversaire et jouer sur la peur du vide, alors que l'opinion commence à se retourner devant l'absence de perspective du mouvement ? Nul ne le sait. Sans doute s'agit-il en fait d'une conjonction de tout cela.

Revenu à Paris le lendemain midi 30 mai, De Gaulle accepte de dissoudre l'Assemblée nationale pour organiser de nouvelles élections législatives.

L'après-midi, une marche de soutien au général rassemble un million de personnes.

La situation se renverse peu à peu et le pouvoir reprend les choses en main.

Le week-end de la Pentecôte fera le reste... Et tout ceci n'aura semblé qu'un rêve. Un beau rêve, cependant, et qui marquera les esprits durablement...

Et Jean Ferrat dans tout cela ? Il ne peut évidemment pas rester inactif.

Il participe, aux côtés de nombreux autres artistes, aux « États généraux de la variété » qui se tiennent à Bobino pendant trois semaines.

Il racontera quelques années plus tard ce que ces événements lui ont inspiré :

— On avait « pris » Bobino et on organisait des soirées pour les grévistes. C'était une période extraordinaire ! Mais il y avait une confusion... Il y avait des gens, je veux dire, qui n'étaient pas du tout concernés par les problèmes sur lesquels on se battait depuis des années et des années [...], des gens qui n'avaient assisté à rien, qui ne s'occupaient de rien, et qui avaient l'impression, tout d'un coup, d'inventer le monde, comme si personne n'avait jamais rien fait avant eux ! Ils avaient l'impression que le monde existait à partir de là, d'eux-mêmes, de leurs prises de position ! C'était d'une naïveté, d'une puérilité... En même temps, c'était touchant ; mais d'autres fois, on avait envie de leur foutre des baffes. C'est vrai ! Et tout ça donnait lieu à des discussions et des dialogues qui étaient désarmants...

On voit là le discours résolument « communiste » de Ferrat. Ce n'est pas un hasard si l'homme est un compagnon de route du parti.

En effet, le mouvement marxiste, en partie fidèle à Moscou, s'appuie sur une tradition, sur des luttes anciennes et sur un terreau idéologique déjà bien balisé.

Or, 1968 a tenté de balayer tout cela. Le slogan qui paraît sans doute le plus significatif est celui qui réclamait l'imagination au pouvoir.

Mais il est difficile de blâmer Ferrat. Au bout du compte, les étudiants ont chaussé les pantoufles de leurs pères (qu'ils ont remplacées par des baskets), et les ouvriers en sont restés à peu près au même point... Finalement, Ferrat est en totale adéquation avec son « Pauvre petit c... »

Conséquence inattendue, et plutôt catastrophique pour elle, Christine Sèvres a enregistré son premier 30 cm, enfin ! Seulement... l'album sort le 10 mai 1968...

La France commence à peine à s'embraser et n'a pas la tête à écouter de la musique, fût-elle très bonne. Pourtant, le disque est superbe. Douze chansons, 10 auteurs différents, et pas des moindres.

Outre Jean Ferrat qui donne à Christine un superbe texte hommage à Robert Desnos, Christine va chanter Aragon (« Robert le diable »), Verlaine (« Âme, te souvient-il »), Audiberti (« Trois Cigarettes »). On compte également, parmi les auteurs, Henri Tachan (« Dans les grands magasins ») ou encore Brigitte Fontaine (« Les dieux sont dingues »).

Un disque sensible, poignant, qui aurait dû propulser Christine Sèvres sur le devant de la scène. Mais il n'en sera rien, pas même la magnifique chanson « Tu es venu », écrite par Ferrat et sans doute la plus belle de tout l'album, n'y changera quoi que ce soit.

Pourtant, il suffit de lire ces mots et de les imaginer chantés par Christine pour comprendre que l'histoire aurait dû être tout autre : *En ce temps là j'errais de clocher en clocher/J'enviais les pigeons qui savaient où nicher/Auprès du Vert Galant je m'endormais dans l'herbe/Mes vingt ans dans Paris cherchaient je ne sais quoi/Et quand la nuit venait me prendre dans ses bras/J'avais peur de mon ombre et la bravais superbe*... Christine met toutes ses blessures dans son interprétation, en conservant cependant une belle pudeur. « Tu es venu » avait tout pour devenir un succès...

Lorsque l'on demandera à Christine si la carrière de son mari a contrarié la sienne, elle répondra avec pudeur et franchise :

— Je pense qu'il m'a gênée un peu. [...] C'est un peu ma faute au départ, ensuite, c'est la faute des gens, qui se sont habitués à me considérer comme madame Ferrat et qui ont fait très peu attention à ma personnalité artistique. […] Quand on a commencé tous les deux, on était au même point, vraiment […] et je me rappelle à cette époque […] tous les ans on se disait : « On a fait un petit pas », et moi, j'en suis toujours aux petits pas...

21

« La Matinée »

Le rythme effréné que poursuit Jean Ferrat depuis plusieurs années ne lui convient guère, cela apparaît clairement dans les divers entretiens qu'il donne à la presse. Lui qui est plutôt un laborieux, qui aime prendre son temps pour travailler, s'est vu contraint à tenir des cadences infernales depuis que le succès s'est pointé. La maison Barclay lui offre alors un temps de respiration, sans pour autant se résigner à ne rien sortir – le show-business reste avant tout du business. Fin 1968, c'est une compilation des plus grands titres de Ferrat qui se retrouve dans les bacs des disquaires, un 30 cm intitulé tout simplement *10 Grandes Chansons de Jean Ferrat*, dont il assurera une promotion molle, puisqu'aucune nouveauté ne vient appuyer cette sortie. C'est un privilège pour Ferrat qui, depuis ses débuts en tant qu'illustre inconnu courant les cabarets à la recherche du cachet jusqu'à son accession au statut de vedette, a travaillé comme un véritable forçat. Un peu de temps, un peu de réflexion, se laisser aller à un peu de rêverie ne peut que lui permettre de se ressourcer et de revenir avec un répertoire renouvelé.

À force d'enchaîner les albums, et bien qu'il ait réussi à le faire jusqu'à présent, Jean Ferrat risque de se répéter, de ne plus parvenir à surprendre son public.

C'est malheureusement le lot de nombreux artistes.

Christine, pour sa part, malgré l'échec commercial retentissant de son album, reprend le chemin de la scène. Elle assure la vedette américaine de Serge Reggiani. Encore une fois, la presse ne manquera pas de saluer la belle prestation de la chanteuse. *« Sobriété, émotion »* sont les mots qui reviennent le plus souvent.

La presse ne se dédit pas : depuis le début, elle accorde à Christine un talent hors du commun. Pour autant, cela ne suffit toujours pas.

Jean, lui, prépare et enregistre un nouvel album. C'est son huitième, déjà. La sortie est prévue au printemps.

Parmi les chansons, on en retiendra surtout une, non pas pour sa qualité, même si elle est de bonne facture, mais parce que c'est un duo, avec une femme, qui plus est avec sa femme. Est-ce pour donner un coup de pouce à la carrière de Christine qui est restée embourbée, à l'arrêt ? Peut-être. Mais sans doute pas uniquement.

On imagine difficilement Christine accepter cette sorte de « charité » venant de quiconque, et encore moins de son mari.

C'est plutôt le fruit d'un heureux hasard qui donnera naissance à « La Matinée ».

En effet, comme nous l'avons déjà précisé, Jean peine un peu à écrire. Il a donc besoin, pour boucler son prochain album, de l'aide de différents auteurs. Il fait alors appel à Henri Gougaud. Passant en revue ce que le parolier a « en magasin », Jean tombe par hasard sur une chanson intitulée « La Matinée ».

La trouvant intéressante, il demande à Gougaud si la chanson est « libre ». Elle l'est, mais, selon l'auteur, elle n'est vraiment pas pour Jean, puisque c'est un duo.

Mais Ferrat aime beaucoup et décide de prendre le texte pour l'enregistrer avec Christine.

Cela lui apparaît comme une évidence. L'histoire de ce couple qui au matin se réveille, la femme qui, ancrée dans le réel, envoie son mari labourer la terre, tandis que lui veut rester au lit à poursuivre son rêve, un rêve où il abolit la misère et arrête les guerres, semble taillée pour Jean et Christine. Le couple enregistre donc ce texte d'une belle poésie : *J'efface mille avions/ Une guerre, un empire/Faut labourer la terre/Et tirer l'eau du puits/Changer la vie et puis/Abolir la misère/Regarde l'alouette/Il est midi sonné.*

Jolie chanson en vérité, mais dont les rôles auraient aussi bien pu être inversés. L'idée a d'ailleurs effleuré Christine un temps.

Et au final, cela aurait pu tout aussi bien fonctionner lorsque l'on connaît la personnalité engagée de Christine. Ce ne sera cependant pas le cas. Peut-être a-t-on eu peur de déconcerter le public...

Une occasion manquée, quelques mois après 1968, d'affirmer que quelque chose a vraiment changé.

Une occasion manquée de dire que le monde ancien n'est plus, que les femmes ont droit à des rêves universels, à des ambitions autres que celles de s'occuper du quotidien.

Jean lui-même n'a pas effectué le virage du féminisme. Né en 1930, sa vision des rapports homme/femme reste quelque peu coincée dans un mode ancien. Revenant des années plus tard sur ce duo, il dira :

— Elle aurait voulu chanter ma version, elle aurait préféré chanter ce que chante l'homme. [...] C'est vrai qu'elle n'avait pas le beau rôle. [...] Pourquoi ? L'esprit un peu plus réaliste de la femme ? C'est assez évident, je trouve ! C'est plus concret.

Aux femmes le pragmatisme, aux hommes le rêve et l'idéal. Cette vision a-t-elle tellement changé aujourd'hui ?

D'autres chansons très remarquées seront de Ferrat lui-même. On pense notamment à « Au printemps de quoi rêvais-tu ? » qui est directement inspiré par l'immense espoir que portait le printemps 1968 : *Au printemps de quoi rêvais-tu ?/ Vieux monde clos comme une orange/Faites que quelque chose change/Et l'on croisait des inconnus/Riant aux anges*. Jean rend un bel hommage à la joie qui a couru dans les rues de Paris, au-delà même des revendications politiques.

À noter ce clin d'œil à Paul Éluard dans le deuxième vers. Ce *monde clos comme une orange* rappelle logiquement le vers du poète *La terre est bleue comme une orange*. Et la référence à un surréaliste n'est pas le fruit du hasard. On peut voir un lien, si ce n'est une filiation, entre ce mouvement littéraire, qui a cherché par tous les moyens à bousculer le monde ancien, et la liberté de pensée qui a animé Mai 68. Un désir de briser les codes, de reprendre tout à zéro en ouvrant les portes à toutes les idées, toutes les hypothèses. Mais la chanson parle aussi d'espoirs déçus : *Il est victoire qui ne dure/Que le temps d'un Ave, pas plus/Ou d'un parjure/Au printemps de quoi doutais-tu ?* Peut-être ici Jean Ferrat ne fait-il pas uniquement référence à l'aspect éphémère du mois de mai ; peut-être parle-t-il du printemps de Prague qui, à la même époque, portant les mêmes espoirs, s'est vu écraser par les chars soviétiques.

Dans un registre un peu différent, la chanson « Ma France » est cependant elle aussi empreinte de l'esprit de 1968, mais d'un esprit plus proche de celui des ouvriers communistes que de celui, davantage libertaire, des étudiants.

Le début, décrivant les paysages hexagonaux, peut rappeler le « Douce France » de Charles Trenet, dont, rappelons-le, Jean a toujours été un grand admirateur.

Mais, au fur et à mesure que Ferrat égrène les vers, on s'aperçoit qu'il ancre la France dans sa tradition révolutionnaire, dans les héritages et mythologies adoptés par le Parti communiste. On parle d'Hugo, de Robespierre, de Thiers, de 1936... *Cet air de liberté au-delà des frontières/ Aux peuples étrangers qui donnait le vertige/ Et dont vous usurpez aujourd'hui le prestige/ Elle répond toujours du nom de Robespierre/Ma France.*

D'ailleurs, Ferrat ne parle pas de la France, mais de SA France, celle qu'il aime et dont il se sent l'héritier. Pour enfoncer le clou de l'aspect résolument « communisant » de la chanson, Ferrat a d'ailleurs deux références très explicites : *Du journal que l'on vend le matin d'un dimanche/À l'affiche qu'on colle au mur du lendemain.* Il est ici question de *L'Humanité*, évidemment. Puis, au couplet suivant, le premier vers dit : *Qu'elle monte des mines descende des collines*, référence directe, non voilée celle-là, au Chant des partisans. On voit ici un Ferrat combatif, qui inclut 1968 dans la longue tradition révolutionnaire française.

Mai 1968 serait, pour lui, la continuité des luttes précédentes. C'est la vision qu'en a eue le PCF, pas forcément celle des étudiants...

Toujours dans le même esprit, « La Petite Fleur qui tombe » est une jolie métaphore de l'esprit de Mai : *La petite fleur qui tombe/Pourrait faire un bruit de bombe...* Ferrat enjoint le public à ne pas oublier cet esprit, à le faire perdurer : *Aujourd'hui que l'hiver a séparé nos mains/Je vais obstinément sur le même chemin/Entre la rage et la tendresse/Dans Paris aux murs gris jusqu'au-dessus des toits/Une petite fleur me dit rappelle-toi/Ne me laisse pas en détresse.*

La couleur dominante de l'album est décidément d'un rouge très vif... Cependant, ce ne sont pas ces chansons qui vont tenir le haut du pavé. Tout du moins, ce ne sont pas celles-là qui vont passer à la radio. Pas de censure cette fois-ci, simplement de la prudence de la part des médias. Cette censure molle que dénonce Ferrat. Le morceau qui sera le plus entendu n'a que très peu (pour ne pas dire rien) à voir avec le message véhiculé par Ferrat. En effet, c'est le sympathique (mais inoffensif) « Idole à papa » qui va envahir les ondes. Il faut dire que la chanson est vraiment drôle. C'est notamment l'interprétation de Ferrat qui en fait une belle réussite et une capacité d'autodérision que l'on ne lui connaissait pas. La pièce débute par un retour sur le passé : *Il y avait deux clans dans la famille/Du temps où j'étais un mouflet/Tino Rossi faisait pâmer les filles/Et tous les garçons rigolaient.* S'ensuit un couplet chanté à la manière de Tino Rossi, excellente imitation au demeurant. Puis, plus loin, Ferrat entame un couplet de « La Montagne » ; cette fois encore, il imite le chanteur de charme corse.

Dans le fond, Ferrat évoque sa propre ringardisation. D'ailleurs, lorsqu'on lui demandera s'il a rencontré Tino Rossi, Ferrat avouera :

— À vrai dire, je ne parle que de moi !

Parlant de la genèse de ce morceau pour le moins inhabituel dans son répertoire, le chanteur raconte :

— D'abord, Christine a entendu une fois dans un café un gars qui discutait de la chanson, derrière elle, et qui disait : « Finalement, Ferrat, qu'est-ce que c'est ? C'est le Tino de notre époque. » Puis ensuite, dans mon pays, il y a des gens, des copains, qui avaient l'habitude de chanter certaines de mes chansons en prenant la voix de Tino. Ça m'amusait, et je l'ai chantée aussi comme ça [...] avant de faire la chanson. Alors, je me suis dit qu'en plus, quand on fait un métier comme le mien, il y a des gens qui vous aiment et d'autres qui ne vous aiment pas, c'est tout à fait normal. On est toujours le Tino Rossi de quelqu'un.

Si c'est « L'Idole à papa » qui remporte les suffrages des ondes, c'est aussi, très probablement, parce que la situation politique est on ne peut plus tendue.

Charles de Gaulle appelle les Français à se prononcer par référendum sur des questions somme toute assez éloignées de leurs préoccupations.

Il s'agit de la réforme du Sénat et la régionalisation. Le projet constitutionnaliserait l'existence des régions comme collectivités territoriales.

Il s'agirait des circonscriptions d'action régionale créées en 1960, plus la Corse. Leurs compétences seraient élargies en matière d'équipements collectifs, de logement et d'urbanisme surtout.

Pour exercer ses compétences, la région pourrait rester en justice, recourir à l'emprunt, passer des contrats, prendre des participations dans des sociétés d'économie mixte, créer, gérer ou concéder des établissements publics et conclure des conventions avec d'autres régions.

Voilà de quoi déchaîner les passions...

En ce qui concerne le Sénat, nous voguons dans les mêmes eaux : l'intérim du président de la République serait exercé par le Premier ministre et non par le président du Sénat ; la déclaration de guerre et la prorogation de l'état de siège seraient autorisées par l'Assemblée nationale ; les sénateurs n'auraient plus l'initiative des lois ; les projets et propositions de loi seraient présentés en premier lieu au Sénat, qui pourrait en proposer l'adoption, le rejet ou l'amendement, avant d'être soumis à l'Assemblée nationale ; ensuite, le gouvernement ou l'Assemblée nationale pourraient les renvoyer au Sénat ; les lois organiques seraient adoptées à la majorité absolue des députés ; les sénateurs ne pourraient plus poser de questions au gouvernement ; les projets et propositions de révision constitutionnelle seraient adoptés à la majorité absolue des députés, puis soumis au référendum ; cependant, les projets de révision pourraient être soumis à nouveau à l'Assemblée nationale, qui ne pourrait les ratifier qu'à la majorité des deux tiers de ses membres.

Bref, tout un arsenal constitutionnel très éloigné du quotidien des Français.

Seulement, voilà, Charles de Gaulle, considérablement affaibli par les événements de Mai 68, annonce qu'en cas de rejet il quittera ses fonctions. L'opposition appelle à voter non, mais le général est également gêné à droite par la déclaration par son ancien Premier ministre Georges Pompidou qui sera candidat en cas de départ du général, tandis que son ancien ministre des Finances, Valéry Giscard d'Estaing, indique qu'il ne votera pas oui. Il semble alors que l'heure du général soit passée.

Cela se confirmera dans les urnes au soir du 27 avril. Les Français rejettent les propositions de Charles de Gaulle à plus de 52 %. En réalité, ce ne sont pas vraiment les propositions que refusent les citoyens, mais bien le fait que De Gaulle reste au pouvoir.

Prenant acte du résultat, il démissionne le 28 avril 1969, à 0 h 10, par un communiqué depuis son fief de Colombey-les-Deux-Églises : *« Je cesse d'exercer mes fonctions de président de la République. Cette décision prend effet aujourd'hui à midi. »* Alain Poher, alors président du Sénat, assurera la présidence de la République par intérim jusqu'aux élections suivantes, qui auront lieu quelques semaines plus tard.

Le résultat du premier tour montrera une France frileuse, recroquevillée sur elle-même, votant pour la continuité.

En effet, au soir du 1er juin, ce sont deux hommes de droite qui sont en tête : Alain Poher d'un côté, qui a assuré la présidence par intérim pendant la vacance du pouvoir, et Georges Pompidou de l'autre.

L'ancien Premier ministre de Charles de Gaulle arrive d'ailleurs en tête avec un score faramineux de plus de 44 % des suffrages exprimés.

Deux semaines plus tard, le 15 juin 1969, rassemblant sur son nom plus de 58 % des voix, Pompidou est élu président de la République française.

On ne peut s'empêcher de penser que les Français ont eu peur. Cela inspirera d'ailleurs, quelques années plus tard, cette charge à Renaud, le chanteur énervant et énervé : *J'me souviens surtout d'ces moutons/Effrayés par la liberté/S'en allant voter par millions/Pour l'ordre et la sécurité.*

Quoi qu'il en soit, en cette période troublée et tendue, les chansons de Jean Ferrat dérangent, et la sortie de son album un mois avant la tenue du référendum n'est pas très bien accueillie par l'ORTF. Ce sera le deuxième conflit du chanteur avec la télévision...

22

Que Ferrat se taise !

Le 16 mars 1969, Ferrat est convié à participer à la très populaire émission de la deuxième chaîne : *L'Invité du dimanche*. Le principe de l'émission est à la fois simple et très bon. Un invité du monde culturel a carte blanche, durant toute une après-midi, pour évoquer son travail, ses goûts, ses amitiés.

Ce dimanche 16 mars, l'invité se nomme Jean-Pierre Chabrol, écrivain, journaliste, mais aussi dessinateur et chroniqueur sportif à *L'Humanité*. L'homme, ancien maquisard, ne cache donc pas ses sympathies...

Il invite à « son » émission Jean Ferrat, Georges Brassens, Jacques Brel, Francis Lemarque.

Le plateau est pour le moins prestigieux. Jean Ferrat interprète « En groupe, en ligue, en procession », chanson clairement dirigée contre les idées de Georges Brassens.

Et, ma foi, comme les deux hommes sont là, face à face, c'est l'occasion de s'expliquer et de mettre à plat leurs divergences.

S'ensuit un passionnant débat entre les deux chanteurs qui dérive rapidement sur la place que doit avoir l'art au sein de la société.

— Je crois que la démarche individuelle est extrêmement importante, elle est même capitale, mais elle ne remplace pas l'autre, lance Ferrat. C'est-à-dire que seul, on ne peut pas grand-chose. On ne peut même rien si l'on n'est pas entouré. Pour avoir une action efficace, il faut être en groupe. [...] Je ne crois pas à la force. On est dans un monde qui utilise la force et la violence. On est au milieu de la violence. On la subit, même si elle est enrobée de guimauve. On vit dans un monde atroce. [...] Pour moi, les choses sont claires d'une certaine manière. En gros, dans notre société, il y a des exploiteurs et des exploités. Je suis du côté des exploités, bien entendu.

— Les mots sont une source de malentendu, répond Brassens de sa belle voix. Ferrat sait très bien, même s'il ne l'a pas dit, que je ne suis pas du côté des exploiteurs. C'est du reste assez connu.

— Bien sûr, de répondre Ferrat, les mots, les

grands mots, comme « la liberté » ont une signification différente, non seulement selon l'époque, mais selon la classe qui les utilise.

Brassens se lance alors dans un long discours où il donne sa vision des choses :

— Moi, je n'ai jamais cru aux solutions collectives. Je suis contre d'un point de vue esthétique dans le domaine de la chanson. Je ne tiens pas à donner une explication, à donner une morale, à indiquer les voies qu'il faut suivre. Ça ne me paraît pas très efficace. Alors, j'exprime dans mes chansons une espèce d'attitude individuelle. Je suis un poète mineur et je traduis mes émotions. Je pense être plus efficace en donnant quatre ou cinq minutes de joie à ceux qui aiment mes chansons, des gens qui, d'ailleurs, sont exploités. J'estime en faisant ça n'avoir pas trop démérité. De toute façon, je ne me crois pas le droit de dire aux gens : « Ceci est bien ou ceci est mal », car je ne le sais pas tellement moi-même. Ferrat croit à la solution collective ; alors, il fait ce qu'il croit devoir faire. Et il a raison. Il n'approuve pas toutes mes chansons, et moi je n'approuve pas toutes les siennes. Mais j'aime bien Ferrat. Alors, s'il fait une chanson que je n'approuve pas tellement, je prends quand même, parce que c'est lui qui l'a faite. Et il en va de même pour lui. Ça ne l'empêche pas de répondre, ce n'est pas grave.

— C'est notre conception de l'art qui peut nous

séparer ? rebondit Ferrat. L'art ne peut pas changer le monde, bien sûr.

— Ce n'est pas sûr. L'art pur peut parfois changer le monde. C'est l'art explicatif qui ne le peut pas.

— Du moins, il peut donner la conscience à chacun de la nécessité de le changer.

— Moi, je pense que tant que les hommes ne sauront pas se changer, rien ne sera changé dans le monde.

— Je suis exactement de l'avis opposé.

— Et j'ai peur que l'homme ne soit pas près de changer. Non pas que je le trouve très mauvais. Même dans une société tout à fait parfaite, l'homme, parce qu'il est très industrieux et imaginatif, trouverait encore moyen de foutre la pagaille.

— Oh ! il est certain que ce n'est pas une chose simple. Mais on ne peut pas parler de l'homme avec un grand H.

Passionnant débat, dites-vous ? Pas pour tout le monde.

Durant toute la durée de la discussion, un homme se tient en coulisse, rouge de colère.

C'est le directeur de l'ORTF qui supporte mal que de tels propos soient aussi librement tenus à l'antenne.

Il a le sentiment de s'être fait piéger et que son émission sert à alimenter la propagande communiste. Fou de rage, sans réfléchir, il prend un papier et rédige une note qu'il fait passer sur le plateau à Jean-Pierre Chabrol.

Ce que lit l'animateur le laisse abasourdi : *« Que Ferrat chante, soit, mais surtout qu'il ne parle pas. »* Chabrol ne se démonte pas.

Il lit la petite note à voix haute. L'instant de stupeur passé, les invités partent dans un grand rire, puis montrent à quel point ils sont scandalisés par les propos du directeur de la télévision.

La première conséquence de ce dérapage est l'éviction du réalisateur de l'émission, Claude Otzenberg. On lui signifie qu'il ne réalisera plus *L'Invité du dimanche*. Pour les invités, la sanction est la même. Jean-Pierre Chabrol, qui devait participer à une autre émission de télévision, est tout simplement déprogrammé.

Quant à Ferrat, qui a déjà eu maille à partir avec la télévision d'État, il est tout bonnement interdit d'antenne. Plusieurs émissions étaient prévues ; il ne pourra pas y paraître.

On coupe même au montage plusieurs séquences d'une émission préenregistrée par le chanteur avant qu'il ne paraisse à l'antenne.

Mais Jean Ferrat n'a pas l'intention de se laisser faire. En effet, il sait que, en tant que chanteur, la télévision est devenue un élément indispensable pour assurer la promotion de ses chansons auprès du public.

Il convoque une conférence de presse pour demander des explications aux responsables de l'ORTF.

Il se fend ensuite d'un article publié dans *Les Lettres françaises* dans lequel il écrit : *« Au-delà de mes difficultés actuelles, je repense tout à coup à toutes celles passées. À toutes les chansons que je n'ai pas pu chanter à la télévision. À ce souci constant quand je réponds à des interviews de faire en sorte que mes propos soient suffisamment clairs sans qu'on puisse me les censurer. C'est le jeu du chat et de la souris. Je ne crois pas que les gens se rendent compte de la réalité des choses, à savoir que toutes les émissions enregistrées sont visionnées par la direction, qu'on demande les titres et les textes des chansons.* [...] *Tout d'un coup, je m'imagine, moi, Jean Ferrat, inconnu, voulant chanter les chansons que j'écris à l'heure actuelle et tentant de me faire connaître... Et je suis bien obligé de constater et de vous dire qu'il existe actuellement beaucoup de Jean Ferrat en France qui sont réduits au silence. »*

Charge terrible du chanteur. La réponse des intéressés est aussi grotesque que scandaleuse. L'ORTF tiendrait en haute considération les opinions politiques du public qui, semble-t-il, ne partage pas les idées de Jean Ferrat.

L'affaire a un immense retentissement. Une nouvelle fois, le manque de pluralité de la télévision française est mis au jour.

Cet incident Ferrat va immanquablement se retourner contre les censeurs, l'opinion (que l'on cherche à préserver) ne comprenant pas pourquoi on ne laisserait pas l'artiste s'exprimer. La presse s'empare de l'affaire et en fait ses choux gras.

Cependant, Jean Ferrat n'apparaîtra pratiquement plus à la télévision pendant deux longues années. Non pas qu'il n'y soit pas invité (suite à cet incident, les choses finiront par rentrer dans l'ordre), mais il se refusera à y apparaître.

Pourtant, le climat s'adoucira à l'égard du chanteur avec le départ du général de Gaulle.

23

Chez Johnny

L'incident de *L'Invité du dimanche*, loin de calmer les ardeurs de Jean Ferrat, va les galvaniser, bien au contraire. On veut le faire taire ? Qu'à cela ne tienne, il faut hausser la voix. Aussi, en décembre 1969, la même année, donc, que la sortie du précédent album, Jean sort un nouvel opus. La censure semble avoir été un véritable aiguillon pour sa créativité. Elle l'a, qui plus est, poussé à prendre les questions d'actualité à bras-le-corps. Ferrat n'a jamais avancé masqué, mais ici, il est encore plus direct, à l'image du titre de la chanson qui ouvre ce 30 cm : « Camarade »...

Superbe chanson qui dans le même temps célèbre ce mot magnifique, porteur d'espoir, et dénonce ce que certains en ont fait. Les premiers vers sont à la fois légers, aériens et portent cependant, en quelques simples petites touches, toute la mythologie des luttes pour l'égalité : *C'est un joli nom Camarade/C'est un joli nom tu sais/Qui marie cerise et grenade/Aux cent fleurs du mois de mai.*

En deux petits vers, les deux derniers, Ferrat nous parle de la Commune en citant la merveilleuse chanson de Jean-Baptiste Clément, « Le Temps des cerises », mais aussi de la guerre d'Espagne à travers le nom de Grenade, lourd de sens pour Ferrat, comme nous le savons, puisque ce fut la ville où Lorca fut fusillé ; et, enfin, citant les cent fleurs du mois de mai, le chanteur évoque la diversité des espoirs nés en France un an plus tôt. La réussite de ces vers réside tout entière dans le fait que Ferrat parvient à balayer un spectre si large avec une telle économie de mots, et surtout avec cet air de printemps.

Mais c'est d'un autre printemps que parle le couplet suivant, le terrible printemps de Prague, où l'espoir a été anéanti en quelques jours par les chars de Moscou : *C'est un nom terrible Camarade/C'est un nom terrible à dire/Quand, le temps d'une mascarade/Il ne fait plus que frémir/Que venez-vous faire Camarade/Que venez-vous faire ici/Ce fut à cinq heures dans Prague/Que le mois d'août s'obscurcit.*

En 1968, pendant huit mois, la Tchécoslovaquie a soulevé un fol espoir. Le parti communiste tchécoslovaque introduit la notion de « socialisme à visage humain » et prône une relative libéralisation.

Débuté en janvier 1968, avec l'arrivée au pouvoir du réformateur Alexandre Dubček, le mouvement s'achève le 21 août 1968 avec l'invasion du pays par les troupes du pacte de Varsovie. Durant cette courte période, Dubček introduit la liberté de la presse, la liberté d'expression, la liberté de circulation et commence à mettre en place une décentralisation économique.

Il dote le pays d'une nouvelle constitution qui reconnaît l'égalité des nations tchèque et slovaque au sein d'une république désormais fédérale. Cette innovation politique sera la seule à survivre à l'intervention soviétique.

Le printemps de Prague provoque la réaction de l'URSS qui, après l'échec des négociations, envoie ses chars et son armée pour imposer une « normalisation ». L'occupation soviétique entraîne des manifestations non violentes et une vague d'émigration parmi la population tchécoslovaque. Gustav Hisak remplace Alexander Dubček à la tête du parti, et la plupart des réformes libérales sont abandonnées.

Le monde entier est resté les yeux rivés sur la capitale tchécoslovaque pendant des mois et, terrifié, a assisté quelques mois après l'écrasement de la révolte à l'immolation par le feu d'un jeune étudiant en philosophie de 21 ans, Jan Palach, sur la place Venceslas de Prague, place historique, pour protester contre l'invasion de la Tchécoslovaquie par les troupes soviétiques.

Cette fin terrifiante du bel espoir tchécoslovaque marque beaucoup le camp communiste, y compris en France.

Ceux qui n'ont pas réagi à la révolte de Budapest, qui n'avaient pas compris ce qui se jouait réellement ou qui n'avaient pas voulu le voir, sont contraints de se rendre à l'évidence de la réalité de ce qu'est le pouvoir soviétique.

Le mois d'août qui s'obscurcit dans la chanson de Ferrat ne fait donc sans doute pas uniquement référence à la révolution tchécoslovaque, mais aussi à la fin des illusions que l'on a pu se faire sur ce qu'était vraiment l'URSS.

Autre chanson directement raccrochée à l'actualité, « Dix-Sept Ans » est à la fois une curiosité et une belle réussite poétique.

Elle est construite sur le principe du merveilleux « Dormeur du val » d'Arthur Rimbaud, qu'on on ne peut résister à l'envie de reproduire ici :

C'est un trou de verdure où chante une rivière,
Accrochant follement aux herbes des haillons
D'argent ; où le soleil, de la montagne fière,
Luit : c'est un petit val qui mousse de rayons.

Un soldat jeune, bouche ouverte, tête nue,
Et la nuque baignant dans le frais cresson bleu,
Dort ; il est étendu dans l'herbe, sous la nue,
Pâle dans son lit vert où la lumière pleut.

Les pieds dans les glaïeuls, il dort.
Souriant comme
Sourirait un enfant malade, il fait un somme :
Nature, berce-le chaudement : il a froid.

Les parfums ne font pas frissonner sa narine ;
Il dort dans le soleil, la main sur sa poitrine,
Tranquille. Il a deux trous rouges au côté droit.

De la même façon, « Dix-Sept Ans » décrit une jeune fille avec beaucoup de tendresse et de sensualité : *Elle avait le teint mat des yeux croissant de lune/Sur ses reins qui dansaient deux longues tresses brunes/Donnaient à sa jeunesse un éclat triomphant/Sous le soleil levant...*

Puis le final comme un couperet, le couplet absolument calqué sur la dernière strophe du poème d'Arthur Rimbaud : *Nulle ombre ne voilait son regard enfantin/Nul regret ne faisait palpiter sa poitrine/Elle avait au combat de sa main douce et fine/Tué dix Américains.*

Le retournement est glaçant, l'évidence après coup, seulement, de la référence à Rimbaud fait de ce morceau une parfaite réussite.

Plus loin dans l'album, on découvre « Intox », véritable règlement de compte avec la télévision et sa censure. Ici, nul besoin d'aller interpréter quoi que ce soit, pas la peine d'aller chercher des références, tout est donné, déballé avec hargne par le chanteur : *Quand je me sens mal/Dans ma peau/Je peux faire la malle/Illico/Dès que la speakerine/Ouvre son tiroir/J'ai mon héroïne/ Avec télé-soir...*

On peut tout de même noter que dans le dernier vers du refrain Ferrat parle d'« opium télévisé », clin d'œil archi-clair à Karl Marx. Si, pour Marx, la religion est l'opium du peuple, pour Ferrat, c'est la télévision qui remplit désormais cette fonction. La télévision est donc présentée comme abrutissante et ne portant aucune pluralité.

Dans l'un des couplets, le chanteur évoque une intervention télévisée du président qu'il se « tape comme du LSD ». Bref, « Intox », c'est du brutal, plus proche des habitudes d'écriture d'un Renaud que de celles de Ferrat.

Nouvel hommage à 1968 qui décidément pèse largement sur l'imaginaire de Ferrat (ce qui, au vu de sa personnalité et de ses opinions, semble assez logique), « Les Demoiselles de magasin » parle de vendeuses, sans conscience politique, qui se réveillent au mois de mai 1968 : *Les demoiselles de magasin/Elles ne s'intéressent à rien/À part ces amants incertains/Qui leur filent entre les mains* [...] *Et puis un beau jour/Ces petites amours/Les voilà qui vont défiler/Un drapeau rouge déplié.*

Dans une veine différente, mais toujours explicitement inspirée du mouvement de Mai, Ferrat accouche de « La Cavale », un hymne à la liberté de l'individu : *Malgré les chaînes et les boulets/Vissés dans l'âme et dans les pieds/Les assassins et les pédales/Elle reste nichée dans ta tête/Avec des couleurs de pâquerette/De petite fleur qui met les voiles/La cavale, la cavale.*

Bref, l'album de Jean Ferrat porte l'empreinte claire de Mai 68, soulignant l'espoir que le mouvement a porté, lâchant un bémol ici ou là, mais gardant du joli mois de mai les aspects positifs.

Il est temps pour Jean Ferrat de remonter sur scène. Cette fois-ci, la salle choisie ne sera pas Bobino. Comme un pari fou, le chanteur opte pour une salle habituellement dévolue aux idoles comme Johnny Halliday.

Oui, c'est bien au Palais des Sports que Jean va se produire, dans une salle de 4700 places...

Les raisons de ce choix sont relativement simples et de bon sens. Tout d'abord, Jean ne veut pas s'enkyster dans une routine. Revenir sur la scène de Bobino serait « ritualiser » en quelque sorte sa rentrée. Il n'y tient pas. Il l'exprime d'ailleurs très clairement :

— Si j'étais retourné à Bobino, j'aurais eu l'impression de refaire sensiblement la même chose qu'il y a trois saisons. Tandis que là, l'expérience m'excite. Je suis content de chanter, j'en avais grande envie et besoin.

D'autre part, dans un souci de permettre au public le plus large possible de venir à son spectacle, Jean tient à ce que le prix des places soit relativement faible. Et c'est seulement dans une grande salle que cela s'avère économiquement tenable. Pour ce faire, il doit impérativement maîtriser entièrement le processus de production, ce qui n'est pas du tout la norme à l'époque.

Les salles prennent généralement tout en charge et paient un cachet à l'artiste.

Ici, à l'inverse, Jean (épaulé par Gérard Meys) prend en charge les coûts de la location de la salle et de la mise en place du spectacle. Cette nouveauté finira par se généraliser dans le monde du spectacle. Cela permet à Ferrat de maîtriser les coûts. Il lui suffit alors de fixer un seuil de rentabilité pour calculer le prix des places.

Le pari est un peu fou, car, pour rentrer dans ses frais, avec un prix très bas, Jean a besoin de remplir la salle tous les soirs. Sinon, il perdra inévitablement de l'argent. Mais il tente le coup, cela fait partie de son éthique. Il dira :

— C'est la seule possibilité de monter un spectacle qui soit abordable à beaucoup de gens. Les collectivités, par exemple, pourront retenir des places à 10 francs. Il y en aura d'autres à sept francs. Comme il s'agit d'une sorte de cirque, la visibilité est bonne même au sommet des gradins. Je regrette qu'on n'ait pas pu offrir des places à cinq francs. Vraiment, quand on a tout compté et recompté, on a dû renoncer.

Au lendemain de la première, la presse, quasi unanime, salue le tour de chant de Ferrat. La première partie a été choisie avec soin et offre un large éventail musical de grande qualité.

On peut notamment écouter Los Papines (un quartet de percussionnistes rencontré à Cuba) et le mythique Golden Gate Quartet.

Jean, en deuxième partie, interprète 16 chansons en un peu moins d'une heure. Ferrat n'aime pas l'idée du récital unique. Il ne tient pas à se produire deux heures seul sur scène. Son goût du partage sans aucun doute, son amour assez limité de la scène peut-être aussi... Pourtant, les journaux décrivent un Ferrat décontracté, à l'aise sur scène, manquant peut-être d'un peu d'engagement physique, mais pas de charme et de poésie.

La télévision, ne pouvant faire l'impasse totale, accordera quelques reportages et interviews au chanteur. Mais rien de très significatif.

Jean paraîtra une nouvelle fois sur les petits écrans en juin pour une émission enregistrée chez lui, à Ivry, avec son épouse Christine qui a sorti un deuxième album trois mois plus tôt.

Un disque qui, encore une fois, passera relativement inaperçu malgré quelques très belles critiques. Alors que son mari triomphe, Christine voit son talent toujours ignoré.

Nerveusement à bout, elle part se retirer quelques mois dans leur maison d'Antraigues-sur-Volane...

24

« Aimer à perdre la raison »

Après une année passée sur la scène, Jean Ferrat sort, en février 1971, un nouvel opus intitulé *La Commune.* C'est le titre de la chanson qui ouvre l'album.

Cela n'a rien d'un hasard, puisque, en ce début de la décennie 1970, on célèbre les 100 ans de la formidable insurrection parisienne qui a vu naître un espoir sans précédent dans le cœur du peuple de Paris.

La Commune, qui se déroula du 18 mars au 28 mai 1871, est peut-être le seul exemple de révolution populaire réussie. De ce fait, elle garde une place totalement à part dans l'histoire des insurrections. Nous n'en ferons pas ici le récit, très long et très complexe.

Il est cependant intéressant de noter que, durant cette période, Paris a vécu sous un régime d'autogestion populaire, donnant au citoyen le pouvoir de décision.

Plus incroyable encore à cette période : les femmes sont incorporées dans ce processus de démocratie directe.

On pourrait dire, en exagérant un peu sans doute, que la Commune de Paris est un Mai 68 qui aurait réussi. Seulement, cette réussite s'est accompagnée d'une reprise en main des affaires par le pouvoir en place qui a réprimé dans le sang ce magnifique élan populaire.

On ne sait pas ce qui se serait produit si, en 1968, le projet politique avait été plus structuré, moins disparate et qu'il ait abouti à une expérience de ce type.

De Gaulle aurait-il réprimé de la même manière ? C'est fort probable.

Quoi qu'il en soit, la chanson qui ouvre l'album est d'une grande beauté, d'une grande douceur également. Ce n'est pas un chant guerrier, c'est un chant d'hommage. On pense au « Temps des cerises ».

Annonçant d'emblée la couleur (rouge) que va prendre la chanson, les premiers vers sont particulièrement intéressants : *Il y a cent ans commun commune/Comme un espoir mis en chantier/Ils se levaient pour la Commune/En écoutant chanter Pottier.*

Deux éléments de ces premières phrases sont notables.

L'appellation « commun, commune » qui parle de gens ordinaires, donc ; mais à l'oreille, ces deux mots peuvent être entendus « comme un, comme une ». Et sans vouloir faire dans le lacanisme outrancier, on peut supposer que ce double sens, conscient ou inconscient, a une véritable signification pour Ferrat : les gens ordinaires qui se lèvent comme un seul homme.

On retrouve ici le point qui le sépare de Georges Brassens, notamment.

Autre élément intéressant, dans ce premier couplet, la place de la chanson. Ferrat y parle d'Eugène Pottier ; plus loin, il évoquera Jean-Baptiste Clément. La chanson accompagne la révolution...

C'est sans doute ce que fait ou veut faire Jean Ferrat... Viennent ensuite des vers qui rendent un hommage vibrant aux fédérés : *Devenus des soldats/Aux consciences civiles/C'étaient des fédérés/Qui plantaient un drapeau/Disputant l'avenir/Aux pavés de la ville/C'étaient des forgerons/Devenus des héros.*

Bien belle chanson en vérité, véritable hymne à l'espoir et hommage aux héros qui l'ont fait vivre.

Nous ne passerons pas en revue toutes les chansons de ce très bel album.

Parmi celles qui semblent les plus intéressantes ou réussies, il y a, nous semble-t-il, « Les Derniers Tziganes » : *Plus de feux de camp/Près des HLM/ Révolu le temps/Des anciens bohèmes* [...] *Et la liberté/Femme de gitan/Tombe poignardée/Sous l'effet du temps.*

Ici, il s'approprie plus clairement la figure des gitans que dans la précédente chanson qu'il leur a consacrée.

À la manière d'un Lorca, Ferrat exprime clairement l'idée que les Tziganes sont porteurs d'une certaine conception de la liberté, une liberté sans contrainte exprimée notamment par leur mode de vie nomade.

Ferrat montre également, un peu à l'instar de « La Montagne », la fin d'un monde, englouti par la modernité.

L'opposition « feux de camp » / « HLM » dans la même strophe rappelle le « HLM et le ciné » de l'immense succès du chanteur.

Mais la modernité n'est cependant pas une tare absolue pour Ferrat (ce qui le classerait immédiatement parmi les réactionnaires, ce qu'il n'a jamais été).

Dans un morceau assez entraînant, prenant une nouvelle fois pour cible les ministres du culte catholique, Jean parle des changements de la société et de la résistance à ces changements.

En réalité, « Mis à part » (les curés) dit que la tradition s'est laissé dépasser par la modernité, par ce nouveau mode de vie, et que rien ne semble pouvoir l'arrêter.

Les gens se fichent à présent du « pouvoir spirituel » de l'Église. L'un des couplets est à ce titre particulièrement savoureux : *On fabriquait des garçons/Par douzaines et les familles/Montraient leur désolation/Quand naissait une fille/ Aujourd'hui bulle ou pas bulle/Du pape garçon ou pas/Qu'on prenne ou non la pilule/C'est plus du tout ça...*

Ferrat se paie le plaisir irrévérencieux de citer le pape et la pilule dans la même strophe, dégonflant en quelques mots le poids de l'Église.

On n'imagine pas Ferrat proche des situationnistes de Guy Debord qui clamaient en 1968 : *« Ne travaillez jamais. »*

Pourtant, le chanteur se fend d'un texte à l'ironie douce amère sur le travail qui pourrait paraître dans la lignée de ces philosophes, n'était le dernier couplet.

En effet, Ferrat, dans ce morceau, compare subtilement l'obligation d'aller gagner sa vie à une condamnation à mort.

Les premiers vers sont assez angoissants ; l'on s'attend à une charge contre la peine de mort : *C'est toujours quand cinq heures sonnent/Qu'on réveille les condamnés/Les feuilles des arbres frissonnent/Il va bien falloir y aller.*

Puis vient le refrain qui donne la dimension comique de la chanson grâce à ce retournement : *Je n'ai pas l'âme d'un bourreau/De travail.*

Après le mot bourreau, Ferrat laisse planer un silence, puis lance « De travail », donnant enfin à l'auditeur les clés de la chanson.

Les strophes suivantes sont plus explicites, mais appuient toujours sur l'aspect mortifère du travail : *Si le travail c'est la santé/Tous mes copains en sont malades/Faites-le mettre à la torture/Par ceux qui en font leur régal.*

Le dernier couplet, plus revendicatif, revient dans une veine plus attendue chez Ferrat : *J'voudrais voir les flics au boulot/Les tenants du grand capital/Les PDG les généraux/Goûter aux cadences infernales.*

Chanson sympathique qui laisse un sourire sur le visage longtemps après l'écoute.

Cependant, LA chanson de l'album, celle qui deviendra un classique et qui remportera tous les suffrages et deviendra un énorme succès est « Aimer à perdre la raison ». Ferrat fait de nouveau appel à Aragon.

Il signe une musique lumineuse et donne une interprétation magistrale.

Outre le refrain, que tout le monde connaît, il faut citer le merveilleux deuxième couplet, qui parle d'amour fou et d'humanité qui se confondent pour créer un sentiment d'universalité : *Ah c'est toujours toi que l'on blesse/C'est toujours ton miroir brisé/Mon pauvre bonheur, ma faiblesse/ Toi qu'on insulte et qu'on délaisse/Dans toute chair martyrisée.*

Immense succès, donc, pour cette chanson éternelle, désormais au panthéon national de la chanson. Ferrat et Aragon, 10 ans d'amour, aurait-on envie de dire.

D'ailleurs, quelques mois seulement après la sortie de « La Commune », Jean Ferrat entre en studio pour enregistrer un disque entièrement dédié à Aragon, un disque au titre simple, « Ferrat chante Aragon », où il rassemble les textes qu'il a chantés sur les divers albums, à l'exception notable de « Aimer à perdre la raison », qui figure sur le disque sorti récemment. Ferrat réorchestre et réinterprète ces chansons.

L'album sortira au mois de novembre 1971. Le succès de ce disque sera aussi incroyable qu'inattendu. Dès le premier trimestre 1972, Ferrat se classe en tête des ventes, devant de très grosses pointures aussi bien nationales qu'internationales.

Bilan : deux millions d'albums vendus. Il est temps à présent pour Jean Ferrat de reprendre le chemin de la scène. Et surtout, de tirer sa révérence...

25

Dernier tour de chant

En effet, l'année 1972 sera celle des adieux à la scène de Jean Ferrat. On le sait depuis le début, cette pression supplémentaire lui pèse depuis toujours. Il n'a jamais été parfaitement à l'aise dans l'exercice, même si, les années passant, il s'est considérablement amélioré, donnant l'image d'un homme décontracté sur les planches.

Avant cela, Jean va sortir un nouvel album, au mois de mars 1972, album qu'il ira défendre sur scène, comme les précédents.

La première chanson de l'album, intitulée « À moi l'Afrique », reste un mystère pour l'auteur des présentes lignes. Chanson rythmée par les percussions, rappelant certaines compositions de Claude Nougaro (« L'Amour sorcier », notamment) « À moi l'Afrique », quoique joliment ciselée, est une litanie de clichés pittoresques sur l'Afrique : *Tapant des mains et des pieds/Au rythme fou des sorciers/Sous des rubans de papier/À moi, à moi, à moi l'Afrique.* Il est certes question d'une terre fantasmée dans l'enfance, et peut-être la chanson à l'époque avait-elle l'aspect d'un hommage au continent noir.

Cependant, le texte a très mal vieilli ; on y verrait aujourd'hui une forme de condescendance colonialiste assez difficile à accepter...

D'autres chansons sont plus proches de la veine habituellement défendue par le chanteur.

On pense à « Si j'étais peintre ou maçon », qui pose plusieurs questions. Sur un air guilleret, amusé et sans doute provocateur, Ferrat entonne : *Si j'étais peintre ou maçon/Métallo ou forgeron* [...] *En écoutant ma rengaine/Vous vous feriez une raison* [...] *Mais je gagne des millions/Et combats à ma façon/Votre bien-aimé système/Et votre teint devient blême/Quand je dis révolution.*

Jean Ferrat met ici le doigt sur les contradictions du système. S'il était totalement inconnu, ses chansons n'auraient aucun impact et ne feraient peur à personne. Mais il est célèbre, très célèbre, et c'est « le système » qui a fait de lui une vedette, lui qui « gagne des millions ». Dans un couplet suivant, Ferrat dit même : *Moi qui croque vos millions.* Il met ainsi en avant ses propres contradictions, puisque, il le sait, ses millions sont ceux engendrés par un système qu'il pense injuste. « Si j'étais peintre ou maçon » est une belle critique du système médiatique et capitaliste. Mais, avec une belle honnêteté, le chanteur ne cache pas qu'il bénéficie de ce système.

Il faut cependant mettre un bémol à ce texte. Ferrat donne l'impression qu'il peut subvertir le système de l'intérieur, ou encore s'en passer. Dans l'avant-dernier couplet, il affirme : *Avec ou sans vos millions/Dissipez vos illusions/Vous ne m'aurez pas quand même/Être fidèle à moi-même/Reste ma seule ambition.*

C'est une belle profession de foi, mais sans doute est-elle un peu simpliste. Cela dit, Ferrat montrera qu'il sait et peut quitter le système.

Sur ce nouvel album, Ferrat interprète une chanson aux accents libertaires qui aurait pu être chantée par un Brassens.

Le morceau s'appuie sur la musique d'« Il est né le divin enfant ». Le premier couplet donne clairement ce qui va suivre : *C'est au numéro trente-deux/De l'av'nue de la République/Que j'enseigne aux petits merdeux/Les théories philosophiques.* Un professeur s'en prend à ses élèves qu'il considère donc comme des « petits merdeux ».

Il se prend à rêver au loin durant un court instant, puis se doit de revenir à la réalité ; son rôle est d'enseigner, de faire passer un savoir dont le but ultime est de donner à ces jeunes la même éducation que leurs parents afin qu'ils restent « des enfants d'bourriques ».

Le thème est finalement assez proche, encore une fois, des idéaux de 1968, qui souhaitaient voir l'enseignement évoluer vers l'autonomie des enfants, qui désiraient en faire des citoyens pensants et conscients plutôt que de leur distiller un savoir immuable.

Un débat qui n'a cessé de faire rage depuis et qui est encore aujourd'hui sujet à polémique et à un clivage gauche / droite extrêmement marqué.

La droite souhaitant, avant tout, donner des enseignements fondamentaux aux élèves afin de les aider à leur insertion dans le monde adulte et professionnel, la gauche privilégiant l'idée que l'école est le ferment de l'idéal démocratique et qu'elle est là pour forger des citoyens capables de réfléchir par eux-mêmes et de faire leurs propres choix.

Il suffit de regarder les dernières réformes de l'enseignement pour s'apercevoir que ces visions très probablement irréconciliables de l'école ont encore largement cours aujourd'hui.

Autre chanson qui n'aurait pas déparé dans le répertoire de Georges Brassens : « Une femme honnête ». C'est presque la Némésis de « Quatre-vingt-quinze fois sur cent » (la femme s'emmerde en baisant) du grand Georges. Le texte met en scène la voix de la morale catholique qui dit qu'*une femme honnête/n'a pas de plaisir*. Le morceau est drôle et caustique : *Monsieur le curé le disait naguère/À la frêle enfant en proie au désir/On peut succomber mais ne point faillir/ Même en se livrant aux joies solitaires/*[...]*/Une femme honnête n'a pas de plaisir*. Nous sommes en 1972, et la libération sexuelle est en marche depuis quelques années.

Les femmes réclament le droit à disposer de leur corps, quelle qu'en soit la manière, sans avoir à subir le jugement de la société. Un combat entamé en 1968, et qui ne semble pas aujourd'hui totalement gagné. Quoi qu'il en soit, la chanson est un hommage en creux à ce combat.

À noter qu'il faudra deux ans encore avant que la loi Veil dépénalisant l'interruption volontaire de grossesse ne soit votée...

L'album sorti, Jean Ferrat va le promouvoir sur les plateaux de télévision. Il en profite pour annoncer qu'il remontera sur la scène du Palais des Sports à compter du mois d'octobre.

Entre-temps, Jean, qui n'oublie pas son village d'Antraigues, est devenu président du comité des fêtes tout nouvellement créé.

Il instaure les Nuits d'Antraigues, mais, prenant la mesure de ce que veulent réellement les habitants du bourg, il se refuse à toute forme de gigantisme. La fameuse « Nuit » qui avait rassemblé une foule compacte pour venir écouter les plus grandes vedettes du moment cède la place à une manifestation beaucoup plus modeste. Et Jean s'en explique :

— Il y a un certain climat qui règne ici, à Antraigues, qu'il faut essayer de préserver. [...] Ça ne deviendra jamais Saint-Tropez ! Il y a un phénomène de rejet dans ce pays, de la part de la nature, de la part des gens, qui fait que ceux qui arrivent ici et qui ne sont pas dans l'esprit [...], automatiquement, sont rejetés ou s'en vont d'eux-mêmes. [...] Pour moi, c'est tant mieux.

Le festival aura donc lieu au tout début du mois d'août, et la programmation inclura notamment une adaptation du *Georges Dandin* de Molière.

Jean fait, au mois de septembre, une rentrée remarquée devant un public acquis à la fête de l'Huma.

Il teste quelques nouvelles chansons, se préparant ainsi au grand événement, sa rentrée au Palais des Sports au mois d'octobre.

Ferrat investit donc la salle qui lui a si bien réussi deux années plus tôt avec un tout nouveau spectacle intitulé : *Chansons pour la ville, chansons pour la vie*. Il y interprétera 17 chansons, restant sur scène une bonne heure, comme à l'accoutumée.

Le spectacle est un événement attendu et bénéficie d'une couverture médiatique très importante, au point que la chaîne de radio périphérique Europe 1 retransmet la première en direct.

Le public va, encore une fois, se déplacer en masse pour aller applaudir le chanteur. La presse fera... ce que fait la presse. Les journaux de gauche, globalement, encenseront la belle verve révolutionnaire et ironique du chanteur, tandis que la presse de droite trouvera à redire.

Les lignes ne bougent pas beaucoup en ce début des années 1970. Il faut dire que les clivages politiques sont extrêmement importants.

Une droite traditionnelle, qui n'a pas encore compris que la France d'après 1968 ne peut en aucun cas ressembler à celle d'avant les événements, s'accroche à ses valeurs fondamentales.

La pensée de droite n'a pas pris le virage de la modernité, n'a pas compris qu'il fallait accompagner le mouvement pour parvenir à convaincre. C'est ce que fera Valéry Giscard d'Estaing en 1974, lançant une campagne présidentielle moderne, « à l'américaine ».

Quoi qu'il en soit, le pari de Jean Ferrat est une nouvelle fois tenu, et de bien belle manière.

C'est le moment que choisit Jean pour quitter sa maison de disques, Barclay, avec laquelle il a tout de même enregistré neuf albums.

Il produira désormais lui-même, avec son acolyte de toujours, Gérard Meys, ses prochains albums. Ferrat se paie un luxe inouï, mais il peut désormais se le permettre.

L'homme n'aura plus à subir le calendrier infernal que lui impose l'industrie du disque. Il pourra prendre son temps pour créer, en toute liberté. Il annonce alors qu'il va prendre un peu de recul, se reposer quelque temps en Ardèche, profiter un peu de la douceur de vivre qu'offre son village d'Antraigues, avant de remonter sur scène et d'entamer l'écriture d'un nouvel album.

Cette annonce va être démentie quelque temps plus tard par Jacques Chancel qui, au cours d'un *Grand Échiquier*, annonce que le chanteur ne remontera plus sur scène.

Interviewant Ferrat, Chancel lui demande s'il s'agit d'un désengagement vis-à-vis de la chanson. Et Ferrat de répondre :

— Depuis ces 20 années de travail, de chansons [...] j'ai toujours eu un emploi du temps, un programme. Pour une fois, je ne veux pas avoir de programme... Si je n'étais qu'un chanteur, qu'un interprète je veux dire, il est probable que ça me manquerait énormément de ne pas chanter sur scène face à un public. Il se trouve que j'écris aussi des choses, et j'ai envie [...] de prendre l'air.

[…] Quand on me demande : « Qu'est-ce que vous allez faire pendant que vous ne chanterez pas ? », justement, je n'en sais rien. À partir du moment où je le saurais, ce serait déjà quelque chose d'établi et je veux pour une fois dans ma vie (peut-être que ça ne se produira plus jamais) avoir un temps devant moi, indéterminé. […] Pour avoir cette sensation d'être libre. […] Je m'arrête pendant un moment, oui... Mais si ça se trouve, dans six mois ou dans un an, je recommencerai !

En réalité, Jean Ferrat, s'il continuera à enregistrer, ne remontera plus sur scène...

26

Jean d'Ormesson n'est pas l'avenir de l'homme

Jean Ferrat mettra deux ans avant de donner un nouvel opus au public. Entre-temps, comme nous l'avons évoqué plus haut, ont eu lieu des élections présidentielles anticipées, suite au décès prématuré du président Georges Pompidou. Le deuxième tour voit s'affronter Valéry Giscard d'Estaing, ancien ministre des Finances, âgé de seulement 47 ans, et François Mitterrand, candidat de la gauche unie, l'homme qui avait mis Charles de Gaulle en ballottage en 1965.

Une lutte acharnée oppose les deux hommes. Giscard d'Estaing réussit à mener une campagne très dynamique, très moderne.

Il s'entoure de nombreux conseillers, d'une véritable équipe de campagne élaborant pour lui des stratégies médiatiques. On verra d'ailleurs tout cela à l'œuvre dans le film que tournera Raymond Depardon aux côtés de Giscard.

Film que le futur président de la République, pourtant instigateur du projet, refusera de voir sortir. Ce n'est que 28 ans plus tard que *Partie de campagne* pourra être montré au public.

Quoi qu'il en soit, Giscard, qui cumule pourtant plusieurs handicaps (sa présence dans les précédents gouvernements et son attitude lointaine et aristocratique qui font penser à Édouard Balladur), va parvenir à se démarquer, notamment durant le débat télévisé qui opposera les deux hommes entre les deux tours de la présidentielle.

C'est là que Giscard lancera à Mitterrand la fameuse phrase : « *Vous n'avez pas le monopole du cœur, monsieur Mitterrand, vous ne l'avez pas !* » dont certains analystes pensent qu'elle a largement contribué à la victoire du candidat de la droite. Cependant, c'est une petite victoire que remporte Giscard, avec 50,8 % des suffrages.

C'est tout de même suffisant, et Mitterrand devra encore attendre son heure pendant sept longues années.

Le septennat de Valéry Giscard d'Estaing montrera que la droite tente, malgré tout, de se moderniser.

Le nouveau président fera voter des réformes restées en mémoire telles que l'abaissement de la majorité civile à 18 ans, l'autorisation du divorce par consentement mutuel et de l'interruption volontaire de grossesse (IVG), la création d'un secrétariat d'État à la condition féminine et la suppression de l'ORTF.

Giscard s'inscrit dans le mouvement de progrès de la société, ce qui ne l'empêche pas cependant de rester bien ancré à droite sur le plan économique et social.

L'actualité durant les années 1974 et 1975 sera riche en événements. Outre le choc pétrolier qui va durablement déstabiliser les économies occidentales, provoquant une immense crise économique, on assiste à la fin de la guerre du Vietnam et à la défaite américaine. Les images des troupes évacuées de Saigon font le tour du monde. Jean Ferrat a largement de quoi trouver l'inspiration pour son nouvel album.

Deux chansons, sur lesquelles nous reviendrons, vont manger tout l'espace de ce nouveau 33 tours.

Reste cependant que certains morceaux occultés par le succès ou la polémique valent malgré tout le détour. L'un d'entre eux, « Un jeune », est particulièrement amusant. Drôle et ironique, Ferrat s'en prend à ces jeunes de droite qui suivent le président de la République nouvellement élu.

La chanson commence par une énumération rappelant l'évolution de l'humanité, jugée par le chanteur jusqu'alors normale. Puis, il pose la question : *Mais dites-moi mais dites-moi/À quoi peut bien servir en notre temps/Un jeune/Un jeune/Républicain-Indépendant.*

Pour Ferrat, comme pour l'auteur de ces lignes, imaginer que l'on puisse être jeune et de droite relève de l'aberration.

Ne pas rêver à une utopie future, à voir le monde s'améliorer, ne pas le voir évoluer semble inconcevable. Aussi, Ferrat se fend d'un couplet particulièrement cruel : *Dans la marmite aux idées toutes faites/Leur bouillie cuit depuis si longtemps/Qu'ils ont déjà l'âge de la retraite/ Sans jamais avoir eu mal aux dents.* Pas besoin de grand discours après une telle charge...

Autre texte intéressant dans ce nouvel opus : « Le Bruit des bottes ». La chanson se réfère notamment au coup d'État qui, au Chili, a amené au pouvoir une dictature sanglante orchestrée par le général Pinochet et mis fin à un bel espoir démocratique en Amérique latine.

Cependant, la chanson est un avertissement très clair et très virulent. Les dictateurs ne vivent pas qu'au Chili, et en France : *Des Pinochet en puissance/Travaillent aussi du képi.*

On ne peut s'empêcher de penser à Charles de Gaulle à l'évocation d'un général et d'un képi.

L'attaque est puissante, revient sur la « gégène » employée en Algérie, la torture, bref, cette France qui n'est pas SA France, qui en est même l'exact opposé, mais qui existe pourtant bien.

Cependant, comme nous le disions précédemment, ce ne sont pas ces chansons-là qui vont faire le plus de bruit. Deux autres textes auront bien plus de retentissement pour des raisons d'ailleurs très différentes. Le premier est devenu, lui aussi, un classique de la chanson française.

Il s'agit de « La femme est l'avenir de l'homme ». Chanson féministe et combattante, sur laquelle on peut évidemment émettre des critiques si l'on cherche absolument à en émettre, mais qui reste cependant un beau texte combattant.

On découvre alors un Ferrat « compagnon de route » du féminisme. Épousant les revendications des femmes, il chante : *Il faudra réapprendre à vivre/Ensemble écrire un nouveau livre/Redécouvrir tous les possibles/Chaque chose enfin partagée/Tout dans le couple va changer/D'une manière irréversible.*

Ferrat fait penser à un « grand soir » féministe, sa chanson a quelque chose de fondamentalement révolutionnaire et l'on entend dans ce couplet, en tendant un tant soit peu l'oreille, les paroles de l'Internationale qui enjoignent de faire table rase du passé. Le combat féministe est bel et bien un combat révolutionnaire. Jean, s'exprimant au micro de Jacques Chancel, dira :

— Certainement, dans ma campagne, j'ai été influencé par tout ce qui s'est dit, chanté et par tout ce que j'ai lu, mais je pense que c'est profondément vrai. Il est incontestable, pour moi, qu'après des millénaires d'infini servage (c'est exactement le terme que j'emploie, qui est, je crois, de Rimbaud), nous allons assister, dans les années, dans les siècles qui viennent, à un prodigieux développement de l'importance de la femme. Tout va vraiment changer.

Ferrat présente les femmes comme des « damnés de la terre » et voit pour elles un avenir radieux. Il y a loin de la coupe aux lèvres...

L'autre chanson qui va passablement occuper l'espace médiatique se nomme « Un air de liberté ». Jean Ferrat, sous l'impulsion de la colère, répond à un éditorial de Jean d'Ormesson qui écrit dans *Le Figaro* qu'à Saigon, avant le départ de l'armée américaine, « flottait un air de liberté ». Jean Ferrat ne supporte pas que l'on puisse ainsi parler de liberté alors qu'il s'agit d'un peuple qui lutte pour son indépendance. Il dira :

— J'ai réagi de façon passionnelle en écrivant cette chanson. Je n'ai rien contre monsieur d'Ormesson en particulier, mais contre la presse colonialiste.

Pourtant, l'écrivain est nommément cité : *Ah monsieur d'Ormesson/Vous osez déclarer/Qu'un air de liberté/Flottait sur Saigon.* Le reste de la chanson suinte la colère froide : *Après trente ans de feu, de souffrance et de larmes/Des millions d'hectares de terre défoliés/Un génocide vain perpétré au Viêt-Nam/Quand le canon se tait vous vous continuez.* Expliquant sa colère, Ferrat dira :

— Tout d'un coup ont défilé devant moi 30 années de ma vie ; et aussi 30 années de la vie de ce peuple du Vietnam, qui a subi vraiment une agression atroce et un génocide épouvantable. [...] On a vu une génération sacrifiée d'hommes et de femmes. [...] Après toutes ces misères, après tout ce sang, après toutes ces larmes, regretter que ce soit fini, disant que malgré tout, sous le régime de Thieu, restait encore un air de liberté, je trouve ça vraiment...

Une fois encore, la censure va frapper. En effet, Jean d'Ormesson, se sentant diffamé, adresse un courrier à Antenne 2, enjoignant à la chaîne de ne pas passer la chanson lors de l'émission consacrée à Jean Ferrat qui a été programmée et enregistrée. La direction de la chaîne obtempère.

La télévision ne réussit décidément pas au chanteur. Quoi qu'il en soit, l'affaire aura de nouveau un important écho dans la presse.

Le clivage gauche / droite, une fois encore, va diviser les journaux.

D'un côté la gauche, *L'Humanité* en tête, va dénoncer cette censure qui ne dit pas son nom. De l'autre, la presse de droite, incarnée par *Le Figaro*, estime qu'il faut préserver d'Ormesson de la diffamation.

Deux positions antagoniques, deux visions du monde et de la liberté d'expression....

La polémique a-t-elle encore une fois servi Ferrat ? C'est possible, et même probable, ce qui ne retire rien à la qualité de l'album qu'il sort en cette année 1975.

Quoi qu'il en soit, pas moins de 500 000 disques se sont vendus en quelques petites semaines.

27

Nouvelle décennie, nouveaux combats

Ferrat a désormais tout le temps nécessaire pour créer. Ayant arrêté la scène, étant qui plus est dégagé des contingences matérielles, il arbore une belle tranquillité d'esprit. Il se permet, à l'automne 1976, d'enregistrer d'anciens titres qu'il réorchestre.

Un plaisir personnel qu'il peut se faire sans que cela n'ait aucune forme de conséquence. Un luxe en somme.

Ferrat prend du recul, observe les bouleversements politiques qui se produisent en France. Les élections municipales des 13 et 20 mars 1977 vont porter à la tête des communes françaises une large majorité de maires de gauche. Il faut dire que la gauche, depuis plusieurs années, est parvenue à s'unifier, signant un programme commun qui séduit l'électorat.

Pour de nombreux observateurs, ces élections locales ne sont qu'un tour de chauffe. Le véritable combat aura lieu un an plus tard, lors des élections législatives. Seulement, des dissensions au sein de la coalition de gauche qui regroupait initialement les partis communiste et socialiste vont se faire sentir entre les deux élections.

Le PC sent que le PS cherche à phagocyter son électorat, à siphonner ses voix et devenir ainsi le parti hégémonique de la gauche.

Le Parti communiste durcit par conséquent ses positions sur de nombreux points du programme commun, ce qui mène à la rupture entre les deux partis.

Résultat, la droite gagne les législatives de 1978 avec une avance relativement confortable.

Jean observe tout cela de loin. Il est retiré à Antraigues dont il est devenu maire adjoint. Une façon de faire de la politique à son échelle.

Il faut saluer d'ailleurs une forme de courage de sa part.

Chanter la contestation est une chose, prendre des décisions politiques en est une autre. L'homme prend plaisir à ses nouvelles fonctions et s'y consacre avec application entre deux parties de pétanque.

Laissant ainsi la vie s'écouler, il va attendre le mois d'avril 1979 pour rentrer à nouveau en studio.

L'album est, disons, oubliable et sent un peu le fond de tiroir. Jean y inclut en effet quatre anciennes chansons jamais parues sur un 33 tours (« Mon palais », « Caserne », « La Boldochévique » et « Le Petit Trou pas cher ») et complète avec des chansons écrites pour d'autres.

Mais cet album n'est qu'un prélude à un véritable tour de force que prévoit le chanteur.

En effet, la maison Barclay, qui possède la majeure partie de l'œuvre de Jean Ferrat, est tombée dans l'escarcelle d'une major étrangère. Comme Jean n'a plus d'interlocuteur fiable, il décide de réenregistrer plus de 100 chansons de son répertoire. Il s'en explique :

— C'est bien simple, il se trouve que la maison qui me distribuait et qui avait pratiquement tous mes enregistrements depuis le début a été rachetée par une multinationale, si bien que je dépendais tout d'un coup de gens que je ne connaissais pas et qui dépendent eux-mêmes de décisions prises dans un pays étranger par des gens pour lesquels je ne représente sans doute rien, qui auraient eu tout loisir de supprimer, dans l'avenir, mes chansons de leur catalogue. [...] Alors, on a décidé, Gérard Meys et moi, de tout réenregistrer depuis le début, pour conserver définitivement les bandes de mes chansons, puisque la plupart des enregistrements originaux ne m'appartiennent pas. Et puis on en a profité [...] pour faire de nouvelles orchestrations, en utilisant toutes les ressources de la technique qui, en 20 ans, a bien évolué.

Ferrat, en prise avec le monde du business, a su réagir et défendre ses droits en tant qu'auteur. Il semble cependant simplement aberrant que le chanteur ne possède pas ses propres enregistrements.

Mais c'est la loi du marché qui prime.

Jean Ferrat ne va pas se contenter de reprendre toutes ses chansons.

Il va en pondre de nouvelles et sortir un album qu'il a entièrement écrit (textes et musique). Il a désormais le temps.

Sans doute aurait-il aimé pouvoir le faire avant, mais les cadences imposées par l'industrie du disque ne le lui permettaient pas. Ce nouvel album s'intitule *Ferrat 80.*

Jean a « mouliné » l'actualité récente, qui a été riche, très riche même. La révolution islamique a triomphé en Iran et les troupes soviétiques sont entrées en Afghanistan.

Ce dernier événement inspirera un texte au chanteur où il dira sa désillusion quant à l'Union soviétique. Jean réagit à des propos tenus par

Georges Marchais, premier secrétaire du Parti communiste français, qui a qualifié le bilan de l'URSS de « globalement positif ».

Une position que d'aucuns, au sein même du parti, jugent intenable, pour ne pas dire intolérable. L'Union des républiques socialistes soviétiques est une dictature, une « caricature », selon les propres mots de Jean Ferrat.

Il est inconcevable pour le chanteur de soutenir ce pays où de vieux généraux bardés de médailles tiennent le pouvoir d'une main de fer, étouffant toute dissidence, toute opposition. *L'Archipel du Goulag*, d'Alexandre Soljenitsyne, est paru depuis quelques années déjà (en 1973), dévoilant l'horreur des camps soviétiques.

Les déclarations du Prix Nobel de la paix, Andreï Sakharov, dénonçant le pouvoir soviétique sont venues parachever le tableau.

Déclarations qui vaudront bien des ennuis à ce dissident qui se verra assigné à résidence à Gorki, ville fermée, de 1980 à 1986.

Bref, Jean Ferrat qui, de son propre aveu, s'est longtemps leurré, ne peut supporter que le leader du PCF reste sourd et aveugle.

D'une plume rageuse, le chanteur écrit : *Mais quand j'entends parler de « bilan » positif/Je ne peux m'empêcher de penser à quel prix/Et ces millions de morts qui forment le passif/C'est à eux qu'il faudrait demander leur avis.* On ne peut être plus explicite...

Cependant, ce que dénonce Jean Ferrat dans cette chanson, ce sont bien les errements (pour employer un doux euphémisme) du stalinisme.

Il ne renie en rien ses convictions communistes. Il affirmera d'ailleurs :

— J'ai perdu mes illusions et j'ai gardé mon espérance.

Ferrat refuse d'abandonner des idéaux qui le portent depuis sa prime jeunesse. Il dira :

— J'ai adhéré au matérialisme historique et dialectique parce que c'était la pensée que je trouvais la plus vraisemblable et qui correspondait à ce que je pensais être la vérité.

Mais Jean n'a cependant jamais franchi le pas. S'il a adhéré aux idées communistes, il a toujours refusé de s'encarter. Il s'en expliquera en quelques mots très simples :

— Pour moi, la conscience individuelle prime sur tout. [...] J'ai toujours tenu à mon libre arbitre.

Il dira également, ceci expliquant peut-être cela :

— Dès le rapport Khrouchtchev, le régime soviétique a été déboulonné dans mon esprit. [...] Mais enfin, je suis resté fidèle à un certain idéal de jeunesse.

Ferrat 80 se vendra à 1,2 million d'exemplaires. Fantastique réussite pour le chanteur qui peut décidément se permettre de se faire rare sans pour autant que le public l'oublie ou le boude.

L'album recevra le prix de l'Académie Charles Cros au mois de mars 1981.

Jean aura pourtant fait une promotion assez légère, s'octroyant quelques passages à la télévision, loin du matraquage que demande habituellement ce type d'exercice.

Mars 1981... Deux mois avant une date fatidique...

La campagne présidentielle entamée quelques mois plus tôt et dont le clou a été, quelque temps, la candidature annoncée de Coluche, est proche de sa fin. Valéry Giscard d'Estaing a beau tout tenter pour parvenir à convaincre, son septennat a ennuyé les Français qui ont eu le sentiment d'étouffer durant cette période.

De plus, le président a vu se présenter contre lui son ancien Premier ministre, un certain Jacques Chirac, qui, au soir du premier tour, comptabilise 18 % des voix et arrive ainsi en troisième position, derrière François Mitterrand avec 25 % et le président en exercice avec 28 %.

Le Parti communiste, pour sa part, confirme un essoufflement (en réalité un déclin inéluctable au vu de la manière dont le parti a géré la question soviétique) avec seulement 15 % des suffrages accordés à son premier secrétaire Georges Marchais.

Le rapport de forces entre les deux tours semble devoir profiter au président sortant. Cependant, Giscard ne parvient à s'entendre avec son ex-Premier ministre qui ne le soutiendra pas vraiment.

Ainsi, au second tour, le 10 mai 1981, c'est François Mitterrand qui est élu président de la République française, avec une majorité assez confortable (51,76 % contre 48,24 %), en tout cas, avec un écart plus important que celui qui l'avait vu perdre l'élection sept ans plus tôt.

C'est un immense espoir qui balaie alors la France, un souffle nouveau et la promesse de réformes importantes.

Cette victoire sera bientôt confirmée un mois plus tard par un large triomphe de la gauche aux législatives.

Entre-temps, Valéry Giscard d'Estaing aura quitté le pouvoir de façon indigne, laissant un siège vide à la fin de son adresse au peuple.

Les réformes vont alors se succéder à bon rythme.

Parmi elles, la cinquième semaine de congés payés, la retraite à 60 ans, mais aussi et surtout l'abolition de la peine de mort, qui restera sans aucun doute l'un des plus brillants accomplissements de François Mitterrand.

Jean Ferrat, bien sûr, ne peut que se réjouir de ce nouvel élan. D'autant que quatre ministres communistes font leur entrée au gouvernement. Ferrat savoure et prend son temps.

Il ne sortira de nouvel opus qu'en 1985...

28

Ferrat crie, l'espoir passe

Il faut donc attendre cinq longues années avant de voir Jean Ferrat sortir un nouveau disque. Durant ce temps, il va vivre de terribles moments. En effet, le 1er novembre 1981, alors qu'elle n'est âgée que de 50 ans, Christine Sèvres, l'épouse de Jean, décède à Marseille sans jamais avoir connu le succès qu'elle méritait.

Le chanteur ne s'exprimera presque pas sur le sujet. Au cours d'une émission de radio, il aura tout de même ces mots :

— Elle avait un côté tragique, et aussi désespéré, d'une certaine manière. Je l'ai toujours ressenti. [...] Je pensais qu'au fur et à mesure, elle ferait des progrès, arriverait à s'exprimer et à être rassurée, ça finirait par disparaître. […] Je me trompais.

Christine Sèvres sera restée une écorchée vive toute son existence...

Pendant ce temps, les illusions d'un pays en liesse au lendemain du 10 mai 1981 se sont envolées. Les financiers ont pris peur, les capitaux ont quitté le pays, la crise qui frappait l'Europe s'est encore accentuée et durcie.

Le début des années 1980, c'est la grisaille, le chômage, les grandes industries qui ferment les unes après les autres, l'apparition d'une nouvelle grande peur, comparable à celle de la peste, le sida, vient obscurcir de son ombre terrifiante une décennie morne et triste.

Devant la crise, la fuite des capitaux, le nouveau président a dû se séparer de son Premier ministre, Pierre Mauroy, figure historique de la gauche, pour le remplacer par Laurent Fabius, un homme beaucoup plus en phase avec « les marchés ».

Le gouvernement applique une politique de rigueur, gèle les salaires, bref, la France a la gueule de bois.

Sur le plan international, les choses ne sont guère plus florissantes. De vieilles badernes emmédaillées se succèdent au Kremlin, mourant les unes après les autres ; de l'autre côté du mur, le monde libre s'est choisi un leader de pacotille, un cow-boy, ancien acteur et marionnette des conservateurs de la fondation Heritage, Ronald Reagan. La course aux armements bat son plein, la guerre des étoiles est en passe de devenir une réalité. Le monde est incertain, terriblement incertain.

Tandis que l'Union soviétique s'enlise en Afghanistan, les stratèges américains ont choisi de développer à outrance leurs capacités en armement, forçant l'autre camp à faire de même, et l'asphyxiant ainsi économiquement.

La guerre froide est sur le point de s'achever sur une victoire américaine.

Sans coup férir, aurait-on envie de dire. En tout cas, sans affrontement direct des deux grandes puissances. Mais on ne peut ignorer que, durant 40 ans, les deux camps ont soutenu des guerres et des guérillas dans le monde entier, qu'ils ont soutenu des dictatures, défait des gouvernements, s'affrontant ainsi de manière larvée, à travers de nombreux États qui ont payé un lourd tribut à cette guerre froide.

Pour sa part, Jean Ferrat, après avoir été conseiller municipal, puis adjoint au maire d'Antraigues-sur-Volane, renonce à se représenter aux élections de 1983 d'ailleurs perdues par la gauche.

C'est donc en 1985, au mois de novembre, qu'il revient avec un nouvel album : *Je ne suis qu'un cri.* Cette fois-ci, l'homme, exactement à l'inverse de son album précédent, a confié tous ses textes à des collaborateurs. Il s'en explique avec pudeur au cours d'un entretien avec *Le Nouvel Observateur* :

— J'ai traversé une mauvaise période. Pour créer, pour écrire, il faut avoir de la force, de la volonté. Je ne les avais plus.

Ferrat fait bien évidemment référence à la mort de son épouse. Mais il a la délicatesse de ne rien en dire explicitement.

C'est Guy Thomas, avec lequel Jean Ferrat a déjà travaillé, qui sera l'artisan du nouvel album. Thomas a collaboré avec le journal satirique *Hara-Kiri*, puis avec *Charlie Hebdo.*

Comme son ami François Cavanna, Guy Thomas est un véritable « anar », ce que n'est pas Ferrat. Mais le chanteur est sensible aux textes de ce libertaire cinglant. Jean Ferrat, parlant de Guy Thomas et de son écriture, dira :

— Lui aussi résiste à tout ce qui est pouvoir. Ça donne des textes très saignants, avec un esprit que je n'ai pas, moi.

La chanson qui va donner son titre à l'album a effectivement quelque chose d'acerbe. Ferrat y affirme son farouche désir de continuer à parler fort, à donner son avis, fût-il discordant : *Je ne suis pas ce qu'on murmure/Aux enfants de la bourgeoisie/Je ne suis pas saine lecture/Ni sirupeuse poésie/Je ne suis qu'un cri.* Le texte est simple et direct, et ne tourne pas autour du pot. C'est toute l'efficacité de l'album qui se trouve ici résumée.

Très belle et très personnelle, bien qu'elle n'ait pas été écrite par lui, la chanson « Les Cerisiers » réaffirme ce que déjà Ferrat disait dans son album précédent.

Il croit encore et toujours à l'utopie, à un monde qui peut devenir meilleur et plus égalitaire.

Il se place pour cela sous l'égide, encore une fois, de Jean-Baptiste Clément et donc de la Commune de Paris qui reste encore et toujours la référence révolutionnaire : *Ah qu'il vienne au moins le temps des cerises/Avant de claquer sur mon tambourin/Avant que j'aie dû boucler mes valises/Et qu'on m'ait poussé dans le dernier train.*

« Vipère lubrique », pour sa part, est une charge contre la morale petite-bourgeoise. Il suffit de citer l'un des couplets pour comprendre que Ferrat « se lâche », qu'il va très loin.

Mais il n'a plus rien à prouver à personne, et la parole s'est bien libérée depuis le début de l'ère Mitterrand : *Si je disais qu'en plus de ça/Les pédés ne me gênent pas/Que je n'ai rien contre les gouines/Que sont nos deux jolies voisines/Si j'ajoutais qu'il nous arrive/De faire la fête avec des Juives/Et de danser jusqu'au matin/Chez des amis nord-africains.*

Ce nouvel album n'épargne pas non plus le virage pris par le gouvernement socialiste. Laurent Fabius a, nous l'avons déjà évoqué, pris la tête du gouvernement, effectuant un virage à droite sous prétexte de « réalisme économique », présentant ainsi les idées de gauche comme le fruit de la pensée de doux rêveurs, une lubie. La chanson est intitulée « La Porte à droite ». Le premier couplet affirme : […] *Quand on veut gouverner ce n'est pas si commode/Il faut évidemment s'adapter au terrain/Mettre jour après jour un peu d'eau dans son vin*. Plus loin, la charge s'alourdit : *Ainsi la liberté dans un monde plus juste/Fait partie des slogans qui sont un peu vétustes*... La fin de la chanson est encore plus dure, plus accusatrice : *Quand je vais boire un verre au café du commerce/Parfois je crois revoir sur du papier jauni/La photo de Pétain dans mon verr' de Vichy...*

C'est que, depuis l'arrivée de François Mitterrand au pouvoir, un autre acteur s'est implanté (et durablement) dans le paysage politique. Il s'agit de Jean-Marie Le Pen et de son parti le Front national qui a désormais une représentation à l'Assemblée nationale pour la bonne et simple raison que le pouvoir en place le lui a permis. La façon dont le FN s'impose sur la scène politique est inquiétante pour certains, révoltante pour Ferrat.

Nous ne reviendrons pas ici sur le débat qui anime alors une partie de la classe politique.

Fallait-il, en changeant le mode de scrutin aux législatives (qui en fait un scrutin plus juste, donnant une représentation politique plus exacte du pays, rappelons-le tout de même), fallait-il, donc, laisser entrer le Front national à l'assemblée ? Le choix de François Mitterrand était-il un choix démocratique ?

Ce qu'il a en tête, est-ce réellement de donner le droit à une frange non négligeable des citoyens français d'être représentée quelles que soient les idées nauséabondes qu'elle véhicule et les valeurs qu'elle défend ? Ou bien cherche-t-il simplement à affaiblir la droite traditionnelle ? Quoi qu'il en soit, la situation révolte Ferrat.

Cela posé, la chanson, malgré son évidente volonté de « secouer le cocotier », n'arrive pas à ses fins. Trop frontale, pas assez subtile, incapable d'éveiller les consciences.

Un coup d'épée dans l'eau.

Pour le lancement de l'album, une grande émission de télévision est prévue. Ce sera Bernard Pivot qui en assurera l'animation.

Une nouveauté : l'émission sera tournée à Antraigues, dans l'antre de Ferrat.

L'audience sera énorme. Pourtant, *Je ne suis qu'un cri* n'aura pas le succès escompté. En tout cas, ce 33 tours sera loin du score du précédent album.

La presse sera un peu moins bonne qu'à l'accoutumée, n'hésitant pas à y voir un chanteur vieillissant. Ferrat entend sans aucun doute ces critiques.

Il se retire à nouveau pour un long silence dont il n'émergera que six ans plus tard.

29

La fin d'un monde

Entre 1985 et 1991, date à laquelle Jean Ferrat sortira son nouvel album, le monde va changer radicalement, basculer à jamais.

La course aux armements lancée par l'administration Reagan est venue à bout d'une Union soviétique économiquement exsangue, empêtrée depuis des années dans une guerre en Afghanistan qu'elle ne parvient pas à gagner, ne parvenant plus à tenir les pays satellites du fait de l'affaiblissement de sa puissance.

Dès 1986, les Soviétiques placent au pouvoir un homme relativement jeune, Mikhaïl Gorbatchev, qui souhaite radicalement changer les choses. Aujourd'hui, celui que l'on nomme affectueusement « Gorbie », passe pour l'homme qui a mis à bas l'URSS. Or, ce que voulait Gorbatchev, ce n'était pas en finir avec l'URSS, mais bien la sauver en la réformant.

Cependant, une fois la boîte de Pandore ouverte, tout contrôle lui a échappé. Cela commence avec la Hongrie, encore elle, qui ouvre ses frontières avec l'ouest, permettant ainsi à tous les citoyens des « pays frères » de quitter la zone d'influence soviétique s'ils le désirent.

Cela continue avec la chute du mur de Berlin, en novembre 1989, puis la révolution de velours en Tchécoslovaquie. Un à un, tous les bastions communistes vont s'écrouler.

Les dominos s'entraînent les uns les autres, parvenant à faire tomber le grand frère soviétique. En effet, c'est en décembre 1991 qu'est signée la fin de l'Union des républiques socialistes soviétiques, éclatant en 15 États indépendants. Gorbatchev quitte la tête de la Russie, bientôt remplacé par Boris Eltsine.

Le bouleversement est tout simplement ahurissant. La confrontation sur laquelle tenait l'équilibre du monde, la colonne vertébrale du vingtième siècle, n'est plus, laissant place à l'inconnu. Cette « brèche » offrira l'occasion au politologue américain Francis Fukuyama de se ridiculiser en théorisant une soi-disant « fin de l'histoire », barrant d'un trait de plume 100 ans de théories marxistes.

L'homme passe aujourd'hui pour ce qu'il est : un imbécile aveuglé par sa volonté que triomphe le système capitaliste, incapable de voir que, tout comme la nature, la géopolitique a horreur du vide...

En France, Mitterrand a (mal) terminé son premier mandat en inaugurant une situation inédite dans la Cinquième République : la cohabitation.

Cela ne l'empêche pas de gagner haut la main les élections de 1988 face à un Jacques Chirac qui a été deux ans son Premier ministre et qu'il humilie avec gourmandise lors du débat télévisé d'entre deux tours.

Lorsque Chirac dit à Mitterrand qu'il n'est pas le président et que lui, Chirac, n'est pas le Premier ministre, mais qu'ils sont deux candidats face à face, Mitterrand lui répond avec un sourire ironique : *« Mais tout à fait, monsieur le Premier ministre ! »*

Jean Ferrat, retiré à Antraigues, a suivi tous ces événements de très près. La fin de l'Union soviétique a été pour tout communiste un véritable choc, même pour ceux qui, comme lui, ne se faisaient plus aucune illusion sur la nature du régime en place à Moscou.

Il a sorti son album en novembre, soit un mois avant l'éclatement de l'URSS, à un moment où

Moscou semble dans l'impasse et n'avoir d'autre choix que de se saborder.

Le nouveau 33 tours de Jean Ferrat porte un titre superbe : *Dans la jungle ou dans le zoo.*

Ce titre lui a été inspiré par le cinéaste tchèque Milos Forman qui, regagnant la Tchécoslovaquie après une carrière aux États-Unis, lance : *« Je quitte la jungle pour retourner dans le zoo »*, renvoyant ainsi dos à dos système capitaliste et système socialiste. Ferrat expliquera le choix de ce titre :

— Dans les deux cas, l'homme était considéré comme un animal et c'était difficilement acceptable. Cela allait à l'envers de ce que je considère, moi, comme la civilisation : le fait de sortir l'homme de sa condition primitive d'animal.

C'est un album très engagé que Ferrat ira défendre sur les plateaux de télévision, y compris sur TF1 (qui en prend pourtant pour son grade).

Le chanteur s'exprimera à ce sujet :

— J'ai la chance d'avoir un nom dans la chanson. C'est un privilège acquis au fil des années, mais cela me dicte également des devoirs. Inconnu ou peu connu, il m'aurait été impossible, j'en suis persuadé, de faire entendre un grand nombre de mes nouvelles chansons à la radio et à la télévision. En particulier, sans doute, sur la une. Mais justement, parce que j'ai ce nom, il faut que j'assure, que je dénonce ce qui me paraît intolérable dans le système. Et cela, depuis l'intérieur même, car je ne crois pas une minute à la possibilité d'exister en dehors du système. On en fait toujours partie peu ou prou. Aussi, puisque j'ai encore le pouvoir de m'exprimer, de défendre mes idées, j'en profite. J'ai là une chance unique, surtout quand je songe à tous ces gens qui pensent comme moi, mais n'ont pas le droit à la parole. Si je peux être leur voix, et sans trop me faire d'illusions sur mon efficacité, eh bien, je le serai !

La chanson qui donne son titre à l'album relève pourtant d'un certain optimisme.

Jean Ferrat se refuse à penser que l'espoir n'existe plus, que les idéaux qui l'ont animé pendant toute sa vie, et qui ont animé des millions de gens à travers le monde, sont définitivement à ranger aux oubliettes.

Au nom de quel défaitisme a-t-on le droit de tout jeter par-dessus bord, de décréter que l'espoir est mort ? *Ainsi donc ainsi donc/Il n'y aurait plus rien à faire/Qu'à mettre la clé sous la porte/De ce château sombre et désert/Où gisent nos illusions mortes.*

Ferrat refuse donc ce constat et croit encore dans un avenir pour l'humanité, un avenir égalitaire, plus juste.

Il s'exprimera d'ailleurs un peu sur le sujet, disant notamment :

— On va repartir avec une nouvelle forme de socialisme. [...] Un socialisme nouveau, humain, celui dont rêvaient des millions de gens...

Il ajoute, au sujet du nouvel album :

— Je n'ai pas désarmé, et je ne désarmerai pas, devant la montée de tout ce qui est vulgaire, grossier, raciste, tout ce qui rétrécit l'homme comme une peau de chagrin.

Il faut dire que le dernier opus de Ferrat tape fort, et tous azimuts : la toute-puissance de l'argent, les anciens gauchistes à présent à la tête du système, la marchandisation de l'art ou encore les célébrations du bicentenaire de la Révolution française.

Sur ce dernier thème, la chanson intitulée « Bicentenaire » est cruelle.

C'est le gigantisme des célébrations qui semble avoir révolté Ferrat, et surtout le fait que l'on ait oublié le peuple, celui pour qui la liberté nouvellement conquise signifiait vraiment quelque chose : *J'ai vu des ducs j'ai vu des princes/Des barons des comtes des rois/Des marquises à la taille mince/Qui dansaient au son des hautbois.* [...] *Mais dans sa chaumière/Je n'ai pas vu pauvre Martin/Pauvre Martin pauvre misère/Avec sa femme et ses gamins.* Clin d'œil appuyé à l'ami Brassens, mort en 1981, qui a su créer dans la chanson intitulée « Pauvre Martin » un archétype du miséreux, sans pourtant en faire une caricature...

Dans le registre de l'ironie, le titre « Les Petites Filles modèles » est une merveille de méchanceté. Ferrat s'en prend à une génération de jeunes qui n'ont plus pour horizon ou idéal que la réussite financière : *Les petites filles modèles/Ne jouent plus à la poupée* [...] *Branchées grâce au Minitel/Sur le marché financier/Les petites filles modèles/S'amusent à boursicoter.*

Les enfants de la génération qui a fait 1968 sont vides et ne pensent qu'à l'argent facile sans voir plus loin que le bout de leur porte-monnaie, et les filles ne rêvent que de « golden boys ».

Malgré le ton léger de l'interprétation de Ferrat, la musique guillerette, le constat est amer, sans doute un peu douloureux pour le chanteur.

Quitte à passer pour un vieux con, ce dont Ferrat se fiche éperdument, le refrain dit : *Ah la belle société !* Il faut dire que la société que dépeint la chanson est effectivement triste à mourir.

Mais « Les Petites Filles modèles » n'est pas, et de loin, la seule chanson montrant l'amertume de Ferrat devant le chemin qu'a pris le monde occidental après 1968. La télévision aussi en prend pour son grade avec « À la une ».

Évidemment, ce titre a un sens double. « À la une » désigne aussi bien les gros titres que la première chaîne de télévision.

Il faut dire qu'en quelques années, la télé privatisée et achetée par le groupe Bouygues qui, dans son cahier des charges, défendait le « mieux-disant culturel », s'est enfoncée rapidement dans la « télé-poubelle » offrant des émissions à sensation.

Ferrat dénonce, sans les nommer, les émissions les plus choquantes ou grotesques défendues par TF1.

On reconnaît notamment « Perdu de vue », l'émission présentée par Jacques Pradel : *C'est une émission fantastique/Où vous avez un rôle à jouer/Un rôle moral un rôle civique/Pour nous aider à retrouver/Tous ceux dont on est sans nouvelles/Disparus volatilisés/Ce soir je vous lance un appel/Vous seuls pouvez nous renseigner.*

La seule émission nommément citée est l'inénarrable *Roue de la fortune*, prise comme exemple, voire comme parangon de cette télévision abrutissante. « À la une » n'est d'ailleurs pas la seule chanson à prendre la télévision pour cible. « Dingue », chanson assez rock qui donne un panorama toujours aussi pessimiste de la société, dit, dès le premier couplet : *Ouvre les cuisses/Que je te mate/Mon audimat/Est au beau fixe/Les idées-chocs/Le poids du fric/Je baisse mon froc/Sur cette éthique.* Ça a le mérite d'être très clair. De même que pour « Les Petites Filles modèles », Ferrat fait à nouveau une réflexion vaguement réac : *La vie débloque à tout berzingue/Dans mon époque je deviens dingue.*

Ferrat passe ensuite en revue les thèmes qui le choquent dans ce monde nouveau qu'il semble ne pas comprendre, dont les changements lui apparaissent aberrants.

Le chômage, la police qui n'hésite plus à cogner : *Un flic qui casse/Comme un canaque/ Putain d'ta race/Un beur qui claque.*

Sans aucun doute, Ferrat, dans ces quatre vers, concentre-t-il toute sa rage contre le massacre de la grotte d'Ouvéa en Nouvelle-Calédonie, qui a vu la police française tuer des indépendantistes kanaks en 1988, et le drame de Malik Oussekine, tué par les voltigeurs en marge des manifestations étudiantes de 1986.

Ferrat a mis du temps avant d'accoucher de cette chanson qui passe donc en revue les événements des années récentes. Peu avant la sortie de l'album éclate la guerre du Golfe, premier conflit en direct à la télévision, une guerre, curieusement, malgré le flot d'images, totalement déréalisée.

La puissance de la machine médiatique américaine, totalement sous contrôle de l'armée, a tenté de faire croire à une « guerre propre ». Ceux qui ont connu cette époque se rappellent le concept de « frappe chirurgicale » inventé spécialement pour l'occasion. Devant ce spectacle aussi affligeant que révoltant, Jean Ferrat décide d'ajouter un couplet à la chanson « Dingue » : *Papa Rambo/*

Fait un malheur/Avec sa guerre/En vidéo/Qui rassérène/Le populo/Avec ses bombes/Aseptisées. Il reviendra sur cet ajout :

— On a vécu cette guerre comme une fiction, on nous l'a présentée comme un jeu vidéo, en se gardant bien de nous montrer, justement, tout ce qui est épouvantable dans la guerre. C'était fou... Tout autant que la versatilité de notre prétendue opinion publique, qui, deux jours avant l'attaque américaine, se déclarait contre la guerre et, deux jours après, nous disait-on, était totalement pour ! C'était comme une immense manipulation qui aurait été issue de cerveaux d'auteurs de science-fiction... Et ça a marché, c'est dingue, alors j'ai ajouté un dernier couplet à ma chanson.

Les vers courts semblent là pour souligner la rage qui l'anime. Il reste de la colère et de l'idéal chez Jean Ferrat, malgré tout.

Et puis, il y a toujours l'amour. Deux pièces du 33 tours sont des chansons romantiques : « Parle-moi de nous » et « Chante l'amour ».

Deux morceaux qui sont, de son propre aveu, des textes autobiographiques. C'est la femme avec laquelle il partage à présent sa vie qui les lui a inspirés. Il en dira quelques mots au cours d'un entretien avec la presse :

— C'est vrai qu'ici j'évoque Colette, mon Ardéchoise. L'amour, aucun doute, cela reste l'essentiel. Dans la première chanson, j'évoque cette indicible part d'incommunicabilité qui cohabite entre deux personnes qui s'aiment. La seconde, je la lui dois complètement. Un soir, j'avais envie d'écrire, mais je ne savais pas sur quoi. Aucun mot ne venait. Elle venait de lire quelques-unes des autres chansons et elle m'a dit : « Dans tout ça, il n'est pas question d'amour. Chante l'amour, je t'en prie, chante l'amour. » C'est ce que j'ai aussitôt fait.

Mais ces deux textes ne sont pas les seuls dans lesquels l'artiste se dévoile.

L'un d'entre eux montre la vieille blessure de Jean, jamais refermée. En effet, « Nul ne guérit de son enfance » parle de façon très ouverte de la souffrance originelle du chanteur.

Pour la première fois, de façon directe, Jean Ferrat va parler de son père et de ce jour où il a quitté la maison pour ne plus jamais revenir : *Celui qui vient à disparaître/Pourquoi l'a-t-on quitté des yeux/On fait un signe à la fenêtre/Sans savoir que c'est un adieu.* En quelques mots, Jean Ferrat parvient à faire passer le sentiment terrible d'impuissance et de banalité qui l'a traversé lors de la disparition de son père.

Pas de drame, pas de pleurs, juste un signe à la fenêtre. C'est dans cette simplicité, ce petit geste quotidien qui n'a rien d'exceptionnel, que s'est suspendue l'enfance de Ferrat. Et choisir de le dire de façon aussi candide rend la chose lumineuse.

L'album se clôt sur un « hymne », selon les propres termes de Jean Ferrat. « La Paix sur terre » est une chanson un peu naïve, dont le titre a quelque chose d'étrangement religieux.

Ferrat défend le pacifisme qui, dans une période « réaliste », semble n'avoir plus voix au chapitre : *Nous ne voulons plus de guerre/Nous ne voulons plus de sang/Halte aux armes nucléaires/Halte à la course au néant/Devant tous les peuples frères/Qui s'en porteront garants/Déclarons la paix sur terre.*

S'exprimant sur cette dernière chanson de l'album, il dira :

— Je voulais écrire un hymne et j'ai obéi aux lois du genre. Je n'ai peut-être pas réussi. J'ai même un moment hésité à l'enregistrer. Et puis je l'ai fait, et je ne le regrette pas. [...] Il est temps d'être un peu sérieux et d'arrêter de considérer les pacifistes comme des demeurés ou comme des traîtres ! Leur opinion est systématiquement écartée des médias, on l'a bien vu pendant la guerre du Golfe où, au mieux, on voyait un pacifiste dire une phrase et trois généraux parler derrière pendant une demi-heure. [...] Alors, il va falloir réenfourcher le cheval de bataille, parce que c'est l'un des problèmes les plus importants qui se posent à l'humanité.

L'album *Dans la jungle et dans le zoo*, meilleur que le précédent, se vendra très honorablement, atteignant tout de même les 650 000 exemplaires.

Belle réussite. L'œuvre de Jean Ferrat arrive à son terme. Il lui reste une chose, une seule à accomplir, son grand œuvre, un disque auquel il travaille depuis plus de 20 ans...

30

L'achèvement d'une carrière ou comment l'on meurt debout

Le dernier disque qu'enregistrera Jean Ferrat s'intitule *Aragon 2*. Seize chansons tirées de poèmes de Louis Aragon. Jean Ferrat ne s'est jamais défait de cette figure tutélaire. Il avouera que le poète décrivait beaucoup mieux que lui-même ses propres émotions, qu'il aurait aimé être capable d'écrire comme lui :

— Il y a la densité du verbe, la richesse des images, qui subliment, qui transposent tout. Et il y a la rigueur dans la pensée. [...] Pour moi, il représente une sorte d'idéal d'écriture pour la chanson.

Pour expliquer pourquoi il a mis tant de temps à accoucher de ce disque, Ferrat dira simplement :

— C'est une sorte de jardin secret que j'ai mitonné au cours des mois, des années. J'ai eu du mal à le publier. Il me semblait que je n'y arriverais jamais.

Ce sont ainsi 16 chansons que Jean Ferrat va enregistrer, balayant un large spectre, passant de l'idéologie à l'amour ou la création. Des questions qui n'ont cessé de tourmenter, travailler à la fois le poète et le chanteur.

Les chansons de l'album sont tout bonnement superbes. Les textes choisis avec soin donnent une image du siècle qui vient de s'écouler, de sa fureur, de ses espoirs, et puis parlent aussi de la fin, des idéaux qui ont vécu.

Ferrat évoque le poète chilien Pablo Neruda, contraint de vivre, à cause de ses opinions politiques, dans la clandestinité dans son propre pays au lendemain de la Deuxième Guerre mondiale. Le texte est extrait de divers poèmes d'Aragon réunis sous le titre *Le Romancero de Pablo Neruda* (référence au *Romancero Gitano* de Federico Garcia Lorca). « Complainte de Pablo Neruda » rend hommage au poète de la plus belle des manières : *Lorsque la musique est belle/Tous les hommes sont égaux/Et l'injustice rebelle/*

Paris ou Santiago/Nous parlons même langage/ Et le même chant nous lie/Une cage est une cage/ En France comme au Chili.

Mais Neruda n'est pas le seul poète à qui Jean Ferrat rend hommage. La chanson « Carco » est tirée du poème qu'écrira Louis Aragon à la mort de Francis Carco, le 29 mai 1958.

Très bel hommage d'un poète à un autre poète : *Dis qu'as-tu fait des jours enfuis/De ta jeunesse et de toi-même/De tes mains pleines de poèmes/Qui tremblaient au bout de la nuit.*

Jean expliquera ce choix :

— Carco est un poète un peu oublié aujourd'hui, ce qui arrive assez souvent à des artistes, à des écrivains, mais il suffit parfois d'un rien pour que des gens de qualité comme lui redeviennent de qualité. C'est pour moi quelqu'un du niveau d'un Verlaine. [...] J'ai redécouvert Carco après avoir fait cette chanson.

On ne citera pas ici les 16 chansons de l'album qui mériteraient un livre à elles seules. Un recueil des textes avec quelques analyses, montrant la justesse avec laquelle Aragon a vu son siècle, l'aveuglement aussi parfois. L'une d'elles tient cependant à cœur à l'auteur des présentes lignes. Il s'agit de « Qui vivra verra », un texte d'une beauté rageuse sur la guerre d'Espagne dont on ne citera que quelques vers, mais qui mériterait sans doute d'être intégralement reproduit entre ces pages : *Ce terrible et long crescendo/C'est la plainte qu'on ne peut dire/Qui des entrailles doit sortir/La nuit arrachant son bandeau/C'est le cri du peuple martyr/Qui vous enfonce dans le dos/ Le poignard du cante jondo.* Le *cante jondo*, le « chant profond », celui de l'Andalousie, immortalisé par Garcia Lorca dans son « Poema del cante jondo ».

La chanson qui clôt l'album, intitulée « Épilogue », est magistrale. Les vers d'Aragon frisent le sublime : *Quand j'étais jeune on me racontait que bientôt viendrait la victoire des anges/Ah comme j'y ai cru comme j'y ai cru puis voilà que je suis devenu vieux/Le temps des jeunes gens leur est une mèche toujours retombant dans les yeux/Et ce qu'il en reste aux vieillards est trop lourd et trop court que pour eux le vent change.* On meurt toujours trop tôt lorsque l'on croit en quelque chose...

De son propre aveu, c'est cette chanson qui a posé le plus de problèmes à Jean Ferrat. Les vers sont extrêmement longs et, de plus, pas tous réguliers, ce qui, pour les mettre en musique, devient rapidement un terrible casse-tête.

— Au départ, déjà, raconte-t-il, il a fallu que je fasse des choix, car c'est un très long texte, mais surtout il me semblait que cette succession de quatrains, de vers de 20 pieds, ne pouvait pas fonctionner. Il manquait quelque chose. Il fallait absolument pouvoir respirer à l'intérieur de ce texte [...] et je me suis heurté à ce problème pendant des années...

Afin de parvenir à ce parfait et subtil équilibre entre textes et musique, Ferrat a dû bien souvent retoucher les vers d'Aragon.

Une chanson nécessite des couplets, un refrain, sa longueur est limitée.

Il fera notamment, pour la chanson « Chagall », quelque chose qu'il n'a jamais fait ou osé faire auparavant : associer deux textes différents.

— C'est la première fois que je fais ça, mais les deux faisaient partie des 30 poèmes qu'Aragon avait écrits pour Chagall, et j'ai trouvé la musique... Mais j'avais un sentiment d'insatisfaction, comme s'il manquait quelque chose. Mais quoi ? J'ai laissé tomber la chanson, j'ai relu tous les poèmes sur Chagall et je suis tombé sur ce vers (dans « Comme tes couleurs sont jolies ») : *Mon peintre amer odeur d'amandes.* C'était comme s'il attendait d'être placé là dans la chanson, et j'en ai fait le refrain.

Malgré toutes ces libertés, Ferrat parvient à garder la grâce qui émane des vers originaux.

Il faut dire que le chanteur côtoie l'œuvre du poète depuis de très nombreuses années, qu'il la connaît autant qu'il la respecte et a su dans ce dernier disque rester fidèle au maître.

Aragon 2 est une magnifique réussite, le chef-d'œuvre de Jean Ferrat sans doute. Sorti en 1994, il viendra clore une incroyable carrière.

Si Jean Ferrat arrête de chanter, sa voix ne s'éteint pas pour autant. Il ne s'exprimera plus sur le terrain artistique, mais il reste un citoyen conscient et engagé.

Aussi, on le verra au cours des années prendre position sur des débats ou des questions qui lui tiennent particulièrement à cœur.

Ainsi, lorsqu'en 1997 est votée la loi Debré criminalisant les personnes qui hébergent ou ont hébergé des sans-papiers, Ferrat montera au créneau. Il reconnaîtra avoir hébergé des personnes en situation irrégulière et affirmera haut et fort son intention de continuer à le faire.

Il l'exprimera d'ailleurs de manière très claire, voire virulente :

— Beaucoup de gens n'ont pas connu Vichy. J'étais enfant en ce temps-là, et cette époque m'a marqué pour la vie. [...] C'est extraordinaire que ce mot revienne à l'ordre du jour. Il faut à nouveau entrer en résistance.

Dans son village d'Antraigues, Ferrat organise un premier « banquet républicain » qui réunit près de 900 personnes. Dans les mois qui suivent, on le voit aux côtés de Robert Hue, le dirigeant communiste dont il se sent proche.

À tel point que Jean Ferrat, l'année suivante, en juin 1999, sera sur la liste du PC aux élections européennes.

Certes, il n'apparaît qu'en 83e position et ne risque pas d'être élu, mais cette candidature a cependant une portée symbolique. Jean Ferrat se tient encore et toujours du côté des communistes, de ceux qui continuent de se battre pour une certaine idée de la société.

Ferrat multipliera ces interventions sur des questions qui lui semblent justes.

Il dénoncera, avec d'autres intellectuels européens, l'arrivée au pouvoir en 2000 de Jörg Haider en Autriche, figure de proue de l'extrême droite européenne.

Un an plus tard, c'est le cas Maurice Papon qui éveille la colère du chanteur.

Alors que le Mouvement contre le racisme et pour l'amitié entre les peuples dénonce « la prolongation en détention d'un homme de 86 ans et malade de surcroît » que, par la voix de son secrétaire général, ce même MRAP juge que ce maintien en détention n'est pas satisfaisant dans une démocratie, Ferrat s'oppose clairement à ce point de vue. Il déclare :

— Je ne saurais rester membre du MRAP si l'association devait maintenir et persévérer dans sa position.

Un mois plus tard, il enfonce le clou :
— Même si ce n'est pas lui (Maurice Papon) qui a ordonné les choses, il faut au moins qu'il fasse sa peine.

Il faut dire que le cas Papon est particulièrement sensible pour Jean Ferrat : l'homme a été condamné pour avoir organisé la déportation de nombreux Juifs... D'autres questions demanderont à Ferrat de s'exprimer. Le traumatisme du 21 avril 2002 qui voit Jean-Marie Le Pen accéder au deuxième tour de la présidentielle face à Jacques Chirac. Ferrat, dont on imagine qu'il n'a jamais eu de sympathie appuyée pour le chef de l'État, appellera les Français à voter cependant pour Chirac, sans la moindre ambiguïté, sans le moindre état d'âme. Il l'expliquera ainsi :
— Les valeurs « travail, famille, patrie » que Jean-Marie Le Pen a reprises à son compte [...], c'était exactement la devise de l'État français qui remplaçait la devise de la République « liberté, égalité, fraternité », et on sait ce qu'était le régime de Pétain.

Le public écoute les déclarations de Jean Ferrat que les médias relayent sans hésiter. Il est loin le temps de la censure... Mais ce que tout le monde attend, au fond, c'est que Jean Ferrat sorte de sa retraite et régale le public d'un nouvel album. En janvier 2007, il répond à un journaliste qui lui demande ce qu'il fait :

— J'écris, je travaille. [...] Un nouvel album n'est donc pas impossible, mais ce n'est pas pour tout de suite.

Ce sera pour jamais...

Jean Ferrat va s'éteindre quelque trois ans plus tard, le 13 mars 2010, des suites d'un cancer. L'homme quitte la scène une veille d'élections régionales, volant ainsi la vedette aux ténors de la politique. Jean Ferrat, le trublion, sera venu les emmerder une dernière fois.

La nouvelle du décès du chanteur provoquera une très vive émotion dans le public. À tel point que ce sont plus de 5000 fidèles qui se rassembleront, 3 jours plus tard, pour les obsèques de Jean Ferrat.

C'est dans une atmosphère de recueillement respectueux que de nombreux anonymes viennent rendre un dernier hommage à ce combattant du verbe, fidèle à des idéaux qui l'ont animé jusqu'à son dernier souffle.

L'émotion est si vive à travers le pays que la télévision retransmet la cérémonie des obsèques en direct. Des proches se succèdent à la tribune pour dire un mot ou interpréter un poème. Laissons à son frère Pierre le soin de clore ce livre : *« Je suis certain, mon Jean, que ta voix résonnera encore dans la vie et dans les cœurs. Je crois que tu résisteras à la terrible épreuve du temps. »*

La question est posée. Ferrat résistera-t-il à l'épreuve du temps ? Comme un Charles Trenet, un Jacques Brel, un Georges Brassens, un Léo Ferré, l'Ardéchois d'adoption traversera-t-il les décennies futures avec la même aura ?

Jean Ferrat a pris le risque, en ancrant profondément son œuvre dans son époque, en se posant en commentateur ou en analyste, de voir certaines de ses chansons tomber en désuétude.

Oui, sans doute les réactions à chaud, les coups de colère et les poings sur la table seront avalés par le temps, cruel et impitoyable. Mais Ferrat n'est pas que ça.

L'homme a chanté Aragon, donnant ainsi une dimension populaire aux écrits du poète, des écrits qui, sans le moindre doute, resteront, mais resteront en grande partie grâce à Ferrat.

La postérité de Ferrat ne tiendra toutefois pas seule dans ses interprétations merveilleuses de « J'entends, j'entends » ou « Aimer à perdre la raison ». Le chanteur a su, au cours de sa riche carrière, prendre de la hauteur, écrire des textes qui, s'ils parlaient de leur époque, auront un écho dans le siècle qui vient.

Songeons à « Nuit et Brouillard » qui résonnera longtemps parce qu'il ne faut pas oublier, à « La femme est l'avenir de l'homme » qui met tous les espoirs dans un combat loin d'être gagné ; d'autres titres encore tels que « La Montagne » qui, 40 ans après, sonne d'une façon nouvelle à l'heure de l'écologie, de la décroissance, de la remise en question de l'urbanisation à tout crin qui a dominé le vingtième siècle.

Ferrat peut dormir tranquille dans son petit coin d'Ardèche. Ses chansons, d'autres les chanteront longtemps ; ses combats, d'autres les poursuivront jusqu'à ce qu'ils triomphent...

★

Discographie

1958

SUPER 45 TOURS

Les mercenaires

Vogue EPL 7490 - Sortie : septembre 1958
Accompagné par Jean Lemaire et son orchestre
Les mercenaires *(Dauvilliez-Jean Ferrat)* – 2'50 / Ma vie, mais qu'est-ce que c'est ? (Jean Ferrat) – 2'31 / Frédo la nature *(Jean Ferrat)* – 2'58 / L'homme-sandwich *(Jean Ferrat)* – 2'48

1960

SUPER 45 TOURS

Ma môme

Decca 451.012 - Sortie : décembre 1960
Avec Milton Lewis (pseudonyme d'Alain Goraguer) et son orchestre
Ma môme *(Pierre Frachet-Jean Ferrat)* – 2'30 / Regarde-toi Paname *(Pierre Frachet-Jean Ferrat)* – 2'30 / Federico Garcia Lorca *(Jean Ferrat-Claude-Henri Vic)* – 3'00 / L'éloge du célibat *(Pierre Frachet-Jean Ferrat)* – 2'35

1961

SUPER 45 TOURS

Paris gavroche

Decca 451.047 - Sortie : juin 1961
Avec Milton Lewis (pseudonyme d'Alain Goraguer) et son orchestre
Paris gavroche *(Jean Ferrat-G. Bérard-C. Rinieri)* – 2'25 / Ta chanson *(Jean Ferrat)* – 2'18 / Ma fille *(Jamblan-Jean Ferrat)* – 1'55 / J'entends, j'entends *(Louis Aragon-Jean Ferrat)* – 2'25

Eh l'amour !

Decca 451.087 - Sortie : décembre 1961
Avec Milton Lewis (pseudonyme d'Alain Goraguer) et son orchestre
Deux enfants au soleil *(Claude Delécluse-Jean Ferrat)* – 2'35 / Napoléon IV *(Jean Ferrat)* – 2'55 / Eh l'amour ! *(Jean Ferrat)* – 2'53 / La cervelle *(Bernard Dimey-Jean Ferrat)* – 2'25

25 CM

123.991 - Sortie : novembre 1961
Avec Milton Lewis (pseudonyme d'Alain Goraguer) et son orchestre
Deux enfants au soleil *(Claude Delécluse-Jean Ferrat)* – 2'35 / Ma môme *(Pierre Frachet-Jean Ferrat)* – 2'30 / Regarde-toi Paname *(Pierre Frachet-Jean Ferrat)* – 2'30 / J'entends, j'entends *(Louis Aragon-Jean Ferrat)* – 2'45 / Ma fille *(Jamblan-Jean Ferrat)* – 1'55 / Paris gavroche *(Jean Ferrat-G. Bérard-C. Rinieri)* – 2'25 / Ta chanson *(Jean Ferrat)* – 2'18 / Napoléon IV *(Jean Ferrat)* – 2'55 / L'éloge du célibat *(Pierre Frachet-Jean Ferrat)* – 2'25 / Federico Garcia Lorca *(Jean Ferrat-Claude-Henri Vic)* – 3'00

1962

SUPER 45 TOURS

La fête aux copains

Decca: 451.159 - Sortie : décembre 1962
Arrangements : Alain Goraguer

La fête aux copains *(Georges Coulonges-Jean Ferrat)* – 2'25 / Le p'tit jardin *(Michelle Senlis-Jean Ferrat)* – 2'37 / Les noctambules *(Michelle Senlis-Claude Delécluse-Jean Ferrat)* – 2'03 / L'homme à l'oreille coupée *(M. Senlis-Cl. Delécluse-Jean Ferrat)* – 2'50

25 CM

124.018 - Sortie : novembre 1962
Version stéréo : SWL 45.506 (décembre 1962)
Arrangements : Alain Goraguer
La fête aux copains *(Georges Coulonges-Jean Ferrat)* – 2'25 / Le p'tit jardin *(Michelle Senlis-Jean Ferrat)* – 2'37 / Les noctambules *(Michelle Senlis-Claude Delécluse-Jean Ferrat)* – 2'03 / L'homme à l'oreille coupée *(M. Senlis-Cl. Delécluse-Jean Ferrat)* – 2'50 / Mes amours *(Michelle Senlis-Jean Ferrat)* – 2'38 / Les petits bistrots *(Michelle Senlis-Cl. Delécluse-Jean Ferrat)* – 1'40 / Les nomades *(Michelle Senlis-Jean Ferrat)* – 2'55 / Le Polonais *(Claude Delécluse-Jean Ferrat)* – 2'40

1963

SUPER 45 TOURS

Les nomades

Decca 451.160 - Sortie : janvier 1963
Arrangements : Alain Goraguer
Mes amours *(Michelle Senlis-Jean Ferrat)* – 2'38 / Les petits bistrots *(Michelle Senlis-Claude Delécluse-Jean Ferrat)* – 1'40 / Les nomades *(Michelle Senlis-Jean Ferrat)* – 2'55 / Le Polonais *(Claude Delécluse-Jean Ferrat)* – 2'40

Les enfants terribles

Barclay 70.592 - Sortie : décembre 1963
Accompagné par Alain Goraguer
Les enfants terribles *(Jean Ferrat)* – 2'39 / Horizontalement *(Roland Valade-Jean Ferrat)* – 2'37 / Quatre cents enfants noirs *(Michelle Senlis-Jean Ferrat)* – 2'52 / Sainte canaille *(Pierre Cour-Jean Ferrat)* – 2'10

25 CM

80.213
Sortie : décembre 1963
Accompagné par Alain Goraguer et son orchestre
Prise de son : Claude Achallé et Charles Rochko
Nuit et brouillard *(Jean Ferrat)* – 3'07 / À Brassens *(Jean Ferrat)* – 2'25 / Les enfants terribles *(Jean Ferrat)* – 2'29 / Toujours la même g... *(Jean Ferrat)* – 2'55 / C'est beau la vie *(Claude Delécluse-Michelle Senlis-Jean Ferrat)* – 2'41 / Quatre cents enfants noirs *(Michelle Senlis-Jean Ferrat)* – 2'52 / Nous dormirons ensemble *(Louis Aragon-Jean Ferrat)* – 2'19 / Horizontalement *(Roland Valade-Jean Ferrat)* – 2'37 / Ces huit titres sont repris sur un 30 cm sous la référence 80.337, sortie : novembre 1966, avec les deux chansons suivantes en plus *(suite à l'arrêt du 25 cm)*. / Sainte canaille *(Pierre Cour-Jean Ferrat)* – 2'10 / De Nogent jusqu'à la mer *(André Gardy-Jean Ferrat)* – 2'29

1964

SUPER 45 TOURS

C'est beau la vie

Barclay 70.613
Sortie : janvier 1964
Accompagné par Alain Goraguer et son orchestre
C'est beau la vie *(Claude Delécluse-Michelle Senlis-Jean Ferrat)* – 2'41 / À Brassens *(Jean Ferrat)* – 2'25 / Nuit et Brouillard *(Jean Ferrat)* – 3'17 / Nous dormirons ensemble *(Louis Aragon-Jean Ferrat)* – 2'19

La montagne

Barclay 70.729
Sortie : novembre 1964
Arrangements et direction musicale : Alain Goraguer
La montagne *(Jean Ferrat)* – 3'04 / Autant d'amours autant de fleurs *(Henri Bassis-Jean Ferrat)* – 2'11 / Hourrah ! *(Jean Ferrat)* – 2'16 / Que serais-je sans toi *(Louis Aragon-Jean Ferrat)* – 3'05

30 CM

154.057 - Sortie : mars 1964
Avec Milton Lewis (pseudonyme d'Alain Goraguer) et son orchestre (1.2.5.6.7.8.11) - Arrangements : Alain Goraguer (3.4.9.10.12)
Deux enfants au soleil *(Claude Delécluse-Jean Ferrat)* – 2'35 / Eh l'amour ! *(Jean Ferrat)* – 2'53 / Les petits bistrots *(Michelle Senlis-Claude Delécluse-Jean Ferrat)* – 1'40 / Les nomades *(Michelle Senlis-Jean Ferrat)* – 2'55 / L'éloge du célibat *(Pierre Frachet-Jean Ferrat)* – 2'35 / Federico Garcia Lorca *(Jean Ferrat-Claude-Henri Vic)* – 3'00 / Paris gavroche *(Jean Ferrat-G. Bérard-C. Rinieri)* – 2'25 / Ma môme *(Pierre Frachet-Jean Ferrat)* – 2'30 / La fête aux copains *(Georges Coulonges-Jean Ferrat)* – 2'25 / Les noctambules *(Michelle Senlis-Cl. Delécluse-Jean Ferrat)* – 2'03 / Regarde-toi Paname *(Pierre Frachet-Jean Ferrat)* – 2'30 / L'homme à l'oreille coupée *(M. Senlis-Cl. Delécluse-Jean Ferrat)* – 2'50

25 CM

80.253 - Sortie : janvier 1965
Arrangements et direction musicale : Alain Goraguer
Berceuse *(Jean Ferrat)* – 3'20 / Hourrah ! *(Jean Ferrat)* – 2'16 / Que serais-je sans toi *(Louis Aragon-Jean Ferrat)* – 3'05 / Le jour où je deviendrai gros *(Jean Ferrat)* – 2'24 / La jeunesse *(Georges Coulonges-Jean Ferrat)* – 2'24 / La montagne *(Jean Ferrat)* – 3'05 / Autant d'amours autant de fleurs *(Henri Bassis-Jean Ferrat)* – 2'10 / Au bout de mon âge *(Louis Aragon-Jean Ferrat)* – 2'18

30 CM/RÉÉDITION DE 25 CM + TITRES

80.320 - Sortie : septembre 1966
Arrangements et direction musicale : Alain Goraguer
La montagne (Jean-Ferrat) – 3'05 / Autant d'amours autant de fleurs *(Henri Bassis-Jean Ferrat)* – 2'10 / Tu ne m'as jamais quitté *(Jean Ferrat)* – 2'42 / Les beaux jours *(Jean Ferrat)* – 2'42 / Le jour où je deviendrai gros *(Jean Ferrat)* – 2'24 / Que serais-je sans toi *(Louis Aragon-Jean Ferrat)* – 3'05 / La jeunesse *(Georges Coulonges-Jean Ferrat)* – 2'08 / Berceuse *(Jean Ferrat)* – 3'20 / Loin *(Jean Ferrat)* – 1'57 / Au bout de mon âge *(Louis Aragon-Jean Ferrat)* – 2'18

1965

SUPER 45 TOURS

La jeunesse

Barclay 70.748 - Sortie : février 1965
Arrangements et direction musicale : Alain Goraguer
La jeunesse *(Georges Coulonges-Jean Ferrat)* – 2'08 / Au bout de mon âge *(Louis Aragon-Jean Ferrat)* – 2'19 / Berceuse *(Jean Ferrat)* – 3'20 / Le jour où je deviendrai gros *(Jean Ferrat)* – 2'24

Le coup de grâce

Barclay 70.763 - Sortie : mai 1965
Bande originale du film de Jean Cayrol et Claude Durand
Musique de Jean Ferrat. Arrangements de François Rauber
Orchestre sous la direction de François Rauber
Les beaux jours (version chantée par Jean Ferrat) *(Jean Ferrat)* – 2'18 / Thème de Miguel *(Jean Ferrat)* – 3'08 / Désaccord-danse *(Jean Ferrat)* – 2'37 / Les beaux jours *(Jean Ferrat)* – 2'02

La vieille dame indigne

Barclay 70.764 - Sortie : mars 1965
Bande originale du film de René Allio - Orchestre sous la direction d'Alain Goraguer
On ne voit pas le temps passer *(Jean Ferrat)* – 2'16 / Loin *(Jean Ferrat)* – 1'57 / Tu m'as jamais quitté *(Jean Ferrat)* – 2'42 / On ne voit pas le temps passer *(version orchestrale)* – 2'16

Potemkine

Barclay 70.904 - Sortie : décembre 1965
Direction musicale : Alain Goraguer
Potemkine *(Georges Coulonges-Jean Ferrat)* – 2'48/ Le sabre et le goupillon *(Jean Ferrat)* – 2'42 / Je ne chante pas pour passer le temps *(Jean Ferrat)* – 2'34 / Les belles étrangères *(Michelle Senlis-Jean Ferrat)* – 2'45

30 CM ORIGINAUX

80.291 - Sortie : décembre 1965
Direction musicale : Alain Goraguer
Prise de son : Claude Achallé

Potemkine *(Georges Coulonges-Jean Ferrat)* – 2'48 / C'est si peu dire que je t'aime *(Louis Aragon-Jean Ferrat)* – 2'50 / Les belles étrangères *(Michelle Senlis-Jean Ferrat)* – 2'45 / Je ne chante pas pour passer le temps *(Jean Ferrat)* – 2'34 / La voix lactée (SGDG) *(Jean Ferrat)* – 3'02 / C'est toujours la première fois *(Jean Ferrat)* – 2'53 / Le sabre et le goupillon *(Jean Ferrat)* – 2'42 / Raconte-moi la mer *(Claude Delécluse-Jean Ferrat)* – 4'15 / À l'été de la Saint-Martin *(Jean Ferrat)* – 2'30 / On ne voit pas le temps passer *(Jean Ferrat)* – 2'16

1966

SUPER 45 TOURS

C'est toujours la première fois

Barclay 70.909 - Sortie : janvier 1966
Direction musicale : Alain Goraguer
C'est toujours la première fois *(Jean Ferrat)* – 2'53 / La voix lactée *(SGDG) (Jean Ferrat)* – 3'02 / Raconte-moi la mer *(Clause Delécluse-Jean Ferrat)* – 4'15 / À l'été de la Saint-Martin *(Jean Ferrat)* – 2'30

30 CM ORIGINAUX

80.338 - Sortie : janvier 1967
Arrangements et direction musicale : Alain Goraguer
Prise de son : Claude Achallé - Direction artistique : Gérard Meys
Maria *(Jean-Claude Massoulier-Jean Ferrat)* – 3'06 / Heureux celui qui meurt d'aimer *(Louis Aragon-Jean Ferrat)* – 2'55 / En groupe, en ligue, en procession *(Jean Ferrat)* – 2'50 / Si je mourais là-bas *(Guillaume Apollinaire-Jean Ferrat)* – 2'53 / La liberté est en voyage *(Jean Ferrat)* – 3'04 / Un enfant quitte Paris *(Georges Coulonges-Jean Ferrat)* – 3'25 / Un jour, un jour *(Louis Aragon-Jean Ferrat)* – 4'55 / Alléluia *(Jean Ferrat)* – 3'26 / Chanson pour toi *(Michelle Senlis-Jean Ferrat)* – 2'46 / Pauvre Boris *(Jean Ferrat)* – 3'25

30 CM RÉÉDITION DE 25 CM + TITRES

80.337 - Sortie : novembre 1966
Arrangements et direction musicale : Alain Goraguer
Direction artistique : Gérard Meys

Nuit et brouillard *(Jean Ferrat)* – 3'07 / À Brassens *(Jean Ferrat)* – 2'25 / Les enfants terribles *(Jean Ferrat)* – 2'29 / Toujours la même g... *(Jean Ferrat)* – 2'55 / Sainte canaille *(Pierre Cour-Jean Ferrat)* – 2'10 / C'est beau la vie *(Michelle Senlis-Claude Delécluse-Jean Ferrat)* – 2'41 / Quatre cents enfants noirs *(Michelle Senlis-Jean Ferrat)* – 2'52 / De Nogent jusqu'à la mer *(A. Gardy-Jean Ferrat)* – 2'29 / Horizontalement *(Roland Valade-Jean Ferrat)* – 2'37 / Nous dormirons ensemble *(Louis Aragon-Jean Ferrat)* – 2'19

1967

SUPER 45 TOURS

Alléluia

Barclay 71.122 - Sortie : février 1967
Arrangements et direction musicale :
Alain Goraguer
Alléluia *(Jean Ferrat)* – 3'26 / Si je mourais là-bas *(Guillaume Apollinaire-Jean Ferrat)* – 3'00 / Pauvre Boris *(Jean Ferrat)* – 3'25 / Un enfant quitte Paris *(Georges Coulonges-Jean Ferrat)* – 3'25

Maria

Barclay 71.123 - Sortie : février 1967
Arrangements et direction musicale :
Alain Goraguer
Maria *(Jean-Claude Massoulier-Jean Ferrat)* – 3'06 / La liberté est en voyage *(Jean Ferrat)* – 3'04 / Heureux celui qui meurt d'aimer *(Louis Aragon-Jean Ferrat)* – 2'55 / En groupe, en ligue, en procession *(Jean Ferrat)* – 2'50

30 CM ORIGINAUX

80.360 - Sortie : décembre 1967
Arrangements et direction musicale : Alain Goraguer
Direction artistique : Gérard Meys
Cuba si *(Henri Gougaud-Jean Ferrat)* – 2'48 / Mourir au soleil *(Jean Ferrat)* – 2'56 / Excusez-moi *(Jean Ferrat)* – 2'36 / Prisunic *(Henri Gougaud-Jean Ferrat)* – 2'54 / À Santiago *(Jean Ferrat)* – 2'47 / Ce qu'on est bien mon amour *(Jean Ferrat)* –

2'45 / Les guérilléros *(Jean Ferrat)* – 2'55 / Au point du jour *(Henri Gougaud-Jean Ferrat)* – 2'36 / Pauvres petits c... *(Jean Ferrat)* – 3'06 / Indien *(Jean Ferrat)* – 3'29

1968

SUPER 45 TOURS

Les guérilléros

Barclay 71.233 - Sortie : janvier 1968
Arrangements et direction musicale : Alain Goraguer
Direction artistique : Gérard Meys
Les guérilléros *(Jean Ferrat)* – 2'55 / Mourir au soleil *(Jean Ferrat)* – 2'56 / Au point du jour *(Henri Gougaud-Jean Ferrat)* – 2'36 / Pauvres petits c... *(Jean Ferrat)* – 3'06

À Santiago

Barclay 71.238 - Sortie : février 1968
Arrangements et direction musicale : Alain Goraguer
Direction artistique : Gérard Meys
À Santiago *(Jean Ferrat)* – 2'43 / Ce qu'on est bien mon amour *(Jean Ferrat)* – 2'46 / Cuba si *(Henri Gougaud-Jean Ferrat)* – 2'48 / Indien *(Jean Ferrat)* – 3'34

30 CM ORIGINAUX

10 grandes chansons de Jean Ferrat

80.379 - Sortie : décembre 1968
Arrangements et direction musicale : Alain Goraguer
Deux enfants au soleil *(Claude Delécluse-Jean Ferrat)* – 2'34 / Ma môme *(Pierre Frachet-Jean Ferrat)* – 1'56 / J'entends, j'entends *(Louis Aragon-Jean Ferrat)* – 3'04 / La fête aux copains *(Georges Coulonges-Jean Ferrat)* – 2'26 / Federico Garcia Lorca *(Jean Ferrat-Claude-Henri Vic)* – 3'11 / Les nomades *(Michelle Senlis-Jean Ferrat)* – 2'49 / Napoléon IV *(Jean Ferrat)* – 2'53 / Mes amours *(Michelle Senlis-Jean Ferrat)* – 2'28 / Les noctambules *(Claude Delécluse-Michelle Senlis-Jean Ferrat)* – 2'12 / L'homme à l'oreille coupée *(Cl. Delécluse-M. Senlis-Jean Ferrat)* – 3'11

1969

SUPER 45 TOURS

Ma France

Barclay 71.345 - Sortie : avril 1969
Arrangements et direction musicale :
Alain Goraguer
Direction artistique : Gérard Meys
Ma France *(Jean Ferrat)* – 3'40 / Ariane *(Maurice Bourdet-Jean Ferrat)* – 2'24 / L'idole à papa *(Jean Ferrat)* – 3'18 / Un jour futur *(Henri Gougaud-Jean Ferrat)* – 1'58

Au printemps de quoi rêvais-tu ?

Barclay 71.346 - Sortie : juin 1969
Arrangements et direction musicale :
Alain Goraguer
Direction artistique : Gérard Meys
Au printemps de quoi rêvais-tu ? *(Jean Ferrat)* – 3'10 / La matinée *(Henri Gougaud-Jean Ferrat)* – 2'53 / Hop là ! Nous vivons *(Henri Gougaud-Jean Ferrat)* – 2'32 / Le bureau *(Jean Ferrat)* – 3'16

30 CM ORIGINAUX

80.384 - Sortie : mars 1969
Arrangements et direction musicale : Alain Goraguer
Direction artistique : Gérard Meys
Au printemps de quoi rêvais-tu ? *(Jean Ferrat)* – 3'10 / La matinée *(Henri Gougaud-Jean Ferrat)* – 2'53 / L'idole à papa *(Jean Ferrat)* – 3'18 / Les poètes *(Louis Aragon-Jean Ferrat)* – 4'04 / Ariane (Maurice Boudet-Jean Ferrat) – 2'24 / La petite fleur qui tombe *(Henri Gougaud-Jean Ferrat)* – 2'55 / Ma France *(Jean Ferrat)* – 3'40 / Rien à voir *(Henri Gougaud-Jean Ferrat)* – 2'10 / Les filles longues *(Jean Ferrat)* – 4'24 / Hop là ! Nous vivons *(Henri Gougaud-Jean Ferrat)* – 2'32 / Le bureau *(Jean Ferrat)* – 3'16 / Un jour futur *(Henri Gougaud-Jean Ferrat)* – 1'58 / La matinée – avec Christine Sèvres *(avec l'aimable autorisation des disques CBS)*

1970

SUPER 45 TOURS

Camarade

Barclay 71.406 - Sortie : janvier 1970
Arrangements et direction musicale : Alain Goraguer
Direction artistique : Gérard Meys
Camarade *(Jean Ferrat)* – 2'35 / Les lilas *(Louis Aragon-Jean Ferrat)* – 2'48 / Tout ce que j'aime *(Philippe Pauletto-Jean Ferrat)* – 2'58 / Dix-sept ans *(Jean Ferrat)* – 2'07

Sacré Félicien

Barclay 71.424 - Sortie : février 1970
Arrangements et direction musicale : Alain Goraguer
Direction artistique : Gérard Meys
Sacré Félicien *(Jean Ferrat)* – 2'28 / Intox *(Jean Ferrat)* – 3'44 / La cavale *(Jean Ferrat)* – 2'34 / Les demoiselles de magasin *(Jean Ferrat)* – 2'38

1971

SUPER 45 TOURS

La Commune

Barclay 71.464 - Sortie : mars 1971
Arrangements et direction musicale : Alain Goraguer
Direction artistique : Gérard Meys
La Commune *(Georges Coulonges-Jean Ferrat)* – 2'34 / État d'âme *(Jean Ferrat)* – 3'00 / Je vous aime *(Jean Ferrat)* – 3'27 / Les touristes partis *(Jean Ferrat)* – 2'15

Aimer à perdre la raison

Barclay 71.465 - Sortie : avril 1971
Arrangements et direction musicale : Alain Goraguer
Direction artistique : Gérard Meys
Aimer à perdre la raison *(Louis Aragon-Jean Ferrat)* – 2'35 / Comprendre *(Jean Ferrat)* – 3'12 / Les derniers Tziganes *(Michelle Senlis-Jean Ferrat)* – 2'54 / Mis à part *(Jean Ferrat)* – 3'18

30 CM ORIGINAUX

80.427 - Sortie : février 1971
Arrangements et direction musicale : Alain Goraguer
Direction artistique : Gérard Meys
La *(Georges Coulonges-Jean Ferrat)* – 2'34 / Les derniers Tziganes *(Michelle Senlis-Jean Ferrat)* – 2'54 / Je vous aime *(Jean Ferrat)* – 3'27 / Mis à part *(Jean Ferrat)* – 3'18 / Comprendre *(Jean Ferrat)* – 3'12 / Les touristes partis *(Jean Ferrat)* – 2'15 / État d'âme *(Jean Ferrat)* – 3'00 / J'imagine *(Henri Gougaud-Jean Ferrat)* – 2'40 / L'adresse du bonheur *(Henri Gougaud-Jean Ferrat)* – 2'30 / Aimer à perdre la raison *(Louis Aragon-Jean Ferrat)* – 2'35 / Et pour l'exemple *(Philippe Pauletto-Jean Ferrat)* – 2'50

Ferrat chante Aragon

80.443 - Sortie : novembre 1971
Arrangements et direction musicale : Alain Goraguer
Direction artistique : Gérard Meys
J'entends, j'entends *(Louis Aragon-Jean Ferrat)* – 4'55 / Les poètes *(Louis Aragon-Jean Ferrat)* – 3' 09 / Au bout de mon âge *(Louis Aragon-Jean Ferrat)* – 4'04 / C'est si peu dire que je t'aime *(Louis Aragon-Jean Ferrat)* – 2'19 / Heureux celui qui meurt d'aimer *(Louis Aragon-Jean Ferrat)* – 2'50 / Robert le diable *(Louis Aragon-Jean Ferrat)* – 3'17 / Que serais-je sans toi *(Louis Aragon-Jean Ferrat)* – 3'08 / Nous dormirons ensemble *(Louis Aragon-Jean Ferrat)* -- 4'55 / Le malheur d'aimer *(Louis Aragon-Jean Ferrat)* – 2'23 / Un jour un jour *(Louis Aragon-Jean Ferrat)* – 3'09

1972

SUPER 45 TOURS

Mon palais

Barclay 71.474 - Sortie : septembre 1972
Arrangements et direction musicale :
Alain Goraguer
Direction artistique : Gérard Meys

Mon palais *(Jean Ferrat)* – 3'05 / Caserne *(Guy Thomas-Jean Ferrat)* – 2'30 / La boldochévique *(Jean Ferrat)* – 2'22 / Le petit trou pas cher *(Guy Thomas-Jean Ferrat)* – 2'18

30 CM ORIGINAUX

À moi l'Afrique

Barclay 80.453 - Sortie : mars 1972
Direction musicale : Alain Goraguer - Direction artistique : Gérard Meys
À moi l'Afrique *(Michelle Senlis-Jean Ferrat)* – 4'32 / Picasso colombe *(Henri Gougaud-Jean Ferrat)* – 2'56 / Une femme honnête n'a pas de plaisir *(Jean Ferrat)* – 3'04 / À l'ombre bleue du figuier *(Michelle Senlis-Jean Ferrat)* – 2'30 / Si j'étais peintre ou maçon *(Jean Ferrat)* – 2'26 / Les saisons *(Jean Ferrat)* – 3'43 / La leçon buissonnière *(Guy Thomas-Jean Ferrat)* – 2'58 / Paris an 2000 *(Henri Gougaud-Jean Ferrat)* – 2'53 / Hou hou méfions-nous... *(Jean Ferrat)* – 3'31 / Ils volent, volent, volent *(Jean Ferrat)* – 3'04

1975

La femme est l'avenir de l'homme

Temey
Arrangements: Alain Goraguer
La femme est l'avenir de l'homme / Le bruit des bottes / Berceuse pour un loupiot / Un jeune / Dans le silence de la ville / Le singe / Je meurs / Le fantôme / Un air de liberté / Mon chant est un ruisseau

1979

Les instants volés

Temey
Arrangements : Alain Goraguer
Mon palais / Le tiers chant / Le chef de gare est amoureux / Le petit trou pas cher / Les instants volés / Un cheval fou dans un grand magasin / Caserne / La boldochévique / Le diable au cœur / Si nous mourons

1980

Ferrat 80

Temey
Paroles et musiques : Jean Ferrat
Arrangements : Alain Goraguer
Bilan / Oural ouralou / L'amour est cerise / J'ai froid / Pour être encore en haut d'l'affiche / Mon pays était beau / Tu verras tu seras bien / Quand on n'interdira plus mes chansons / J'aurais seulement voulu / La bourrée des trois célibataires / Chanter / L'embellie

1985

Je ne suis qu'un cri

Temey
Paroles : Guy Thomas
Musiques : Jean Ferrat
Arrangements : Alain Goraguer
Je ne suis qu'un cri / Hospitalité / L'âne / Viens mon frelot / Concessions / Comptine pour Clémentine / La porte à droite / Le cœur fragile / Le châtaignier / Petit / Vipères lubriques / Pardonnez-moi mademoiselle / Le Kilimandjaro / Les cerisiers

1991

Dans la jungle ou dans le zoo

Temey
Paroles et musiques : Jean Ferrat
Arrangements : Alain Goraguer
Dans la jungle ou dans le zoo / Les petites filles modèles / Parle-moi de nous / Dingue / Les tournesols / Chante l'amour / À la une / Le grillon / Bicentenaire (1989) / Les jeunes imbéciles / Tu aurais pu vivre / Mon amour sauvage / Nul ne guérit de son enfance / La paix sur Terre

1994

Ferrat 95 Nouveaux poèmes d'Aragon

Temey
Paroles : Louis Aragon - Musiques : Jean Ferrat
Arrangements : Alain Goraguer
Complainte de Pablo Neruda / Elle / J'arrive où je suis étranger / Devine / Chagall / Les feux de Paris / Chambres d'un moment / Lorsque s'en vient le soir / Qui vivra verra / Odeur des myrtilles / Carco / Musique de ma vie / Pablo mon ami / Pourtant la vie / Les oiseaux déguisés / Épilogue /

★

Du même auteur

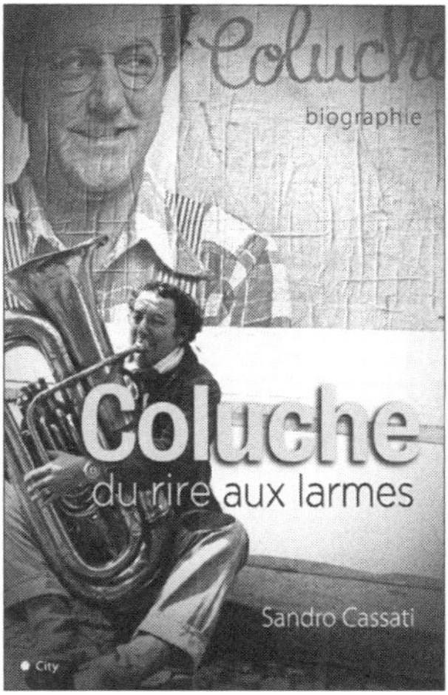

Coluche,
du rire aux larmes

Coluche. Le public est orphelin de son humour, de son talent et de sa générosité. 25 ans après sa disparition, l'homme laisse un immense vide que personne n'a comblé. Cette biographie complète révèle d'abord un Michel Colucci intime. Fils d'immigrés italiens qui n'a jamais oublié d'où il venait, l'injustice le mettait en colère. Sous le masque du clown triste, c'était un homme tourmenté et généreux, le président des sans-voix, des oubliés du système, qui a laissé les Restos du Cœur en héritage.

L'auteur fait aussi revivre Coluche, l'humoriste et l'acteur. Le comique qui se cachait derrière un nez rouge et une salopette rayée pour raconter « l'histoire d'un mec ». L'homme aux sketches restés dans les mémoires, du *Schmilblick* à *l'Auto-stoppeur*.

Voici donc l'histoire d'un mec qu'on n'oubliera pas de sitôt...

La biographie hommage de Coluche,
comique passionné, tourmenté et engagé.

ISBN : 978-2-35288-716-4